Olivier Rolin

Vers les îles Éparses

Verdier

www.editions-verdier.fr

ISBN : 978-2-37856-233-5

Le matelot en short et marinière blancs et béret à pompon venu m'accueillir à Roland-Garros (l'aéroport, pas le stade de tennis, où je n'ai jamais mis les pieds) a une tête extrêmement avenante. Nous étant extraits des embouteillages de Saint-Denis, roulant vers Le Port dans sa fourgonnette Kangoo, nous longeons sous la falaise la route côtière perchée en mer sur ses pieds de béton. L'épithète « pharaonique » que la langue médiatique accole volontiers aux vastes ouvrages (les travaux sont aussi facilement « pharaoniques » que les rapports « accablants »), conviendrait parfaitement à la route côtière, à cette réserve près que les pharaons, ou à tout le moins leurs chefs de travaux, terminaient leurs pyramides, tandis que la route, dans un état d'inachèvement qui dure depuis des années, s'arrête de façon abrupte à la façon d'un plongeoir géant au-dessus de l'océan. Qui a vu, depuis la voie ferrée Paris-Orléans, la ligne de l'aérotrain, construite au cours de l'utopique année 1968, allonger ses kilomètres de béton rongés de loin en loin par la végétation au milieu des platitudes du Loiret, pourra se former une idée de ce qu'est la route littorale : sauf que là c'est bien plus grand, plus haut, plus large, plus majestueux en un mot, et qu'à la place de la Beauce il y a l'océan Indien (ses baleines, ses requins, ses caravelles portugaises et ses galions espagnols). Telle qu'elle est, grandiosement inutile et coûteuse, il faut espérer que jamais la circulation automobile ne viendra lui ôter sa beauté de monument de l'absurde (ou de la pure dépense, pour le dire comme Bataille). Cependant que nous longeons ce gigantesque portique (que les soleils marins teintent de mille feux), je demande au mataf, banalement, puisqu'il est noir, s'il est de La Réunion : non, me répond-il, de Tarbes (ou de Dax, j'ai oublié, enfin de par là). Et cette réponse me réjouit, qui semble prouver que tout ne va pas si mal dans cette interminable et indécidable affaire dite de l'intégration, ou du postcolonialisme, ou de quelque nom qu'on veuille lui donner. Mais il est content d'être affecté à La Réunion, ajoute-t-il : et de nouveau ses propos me réjouissent, tant il est rare de rencontrer quelqu'un qui avoue ingénument être content de son sort. Ce type me met de bonne humeur, cette histoire commence bien.

Au Port, à la base navale de la pointe des Galets, le natif de Tarbes ou de Dax me lâche avant le contrôle, ça va, je suis annoncé, on m'indique où se trouve le bateau que je repère sans difficulté – de toute façon, il n'y en a pas tant que ça. Un petit bateau, soixante-cinq mètres de long, l'air trapu et teigneux d'un très gros remorqueur. Bâtiment de soutien et d'assistance outre-mer, en abrégé Bsaom, c'est sa désignation officielle. Immatriculé A623, c'est peint en noir sur sa coque grise. Je suis accueilli par Kevin, le cuistot, grand et gros et fort, crâne rasé, vêtu d'un survêt, moyennement aimable, qui est apparemment le seul à bord, l'équipage devant arriver le lendemain matin aux aurores pour un appareillage à 9 heures. Il me fait réchauffer un plat de pâtes, je n'ose demander un verre de vin. Je me grouille d'avaler ça, j'ai l'impression que Kevin me regarde de travers (un touriste...), je me réfugie dans ma cabine, celle de l'officier en quatrième – c'est marqué sur la porte. Je dis « cabine » pour me faire comprendre, mais c'est « poste » le mot qui convient. Le poste qui m'est attribué, donc, est grand, muni d'un bureau avec fauteuil à roulettes, de placards dans lesquels traînent différents effets, de deux couchettes superposées, d'un petit cabinet de toilette. Une baie carrée donne sur la coursive bâbord. Je pourrais être peinard là-dedans, tout va dépendre de mon « colocataire ». Je dispose sur une étagère les livres que j'ai apportés en prévision de longues journées en mer durant lesquelles je n'aurai rien à faire, et qui vont des « nouveautés » (*Anéantir*, le dernier Houellebecq) à de vieux livres que je n'ai jamais lus (*Vie de Rancé, Le Dimanche de Bouvines,* de Duby), en passant par d'autres, piqués à la volée dans ma bibliothèque au moment du départ, et que j'ai envie de relire (*Un rude hiver*, *Le Mont Analogue*...). Je sors sur la coursive, j'aimerais bien en griller une mais je prétends ne plus fumer, il fait chaud, trente degrés, une pluie violente s'abat soudain et brouille les lumières du port. J'ai déjà appris deux mots du vocabulaire Marine nationale : « échappée », qui désigne les escaliers, très raides, presque des échelles, et « citadelle », qui qualifie l'état du bateau lorsque toutes les portes – très lourdes, munies de volants et de leviers – sont verrouillées de l'intérieur.

•

Levé à l'aube (ça la ficherait mal de commencer par faire la grasse matinée), je vois arriver les membres de l'équipage. Le commandant, fin collier de barbe précocement poivre et sel, yeux bleu-gris, a évidemment l'âge d'être mon fils voire à la rigueur mon petit-fils. Le second est une jeune femme souriante au joli visage un peu abîmé par l'acné, Elsa. Elle embarque avec son synthé sous le bras, dans une housse, et une paire de palmes. Elle m'annonce que c'est elle qui sera responsable de moi : je commence ma vie de vieil enfant. Sept heures du matin : lever des couleurs, appel sur la plage arrière. Elsa informe l'équipage qu'ils ont un invité, moi, qui me tiens dans un coin, accoudé au bastingage, ne sachant trop quelle contenance adopter (je ne vais pas me mettre au garde-à-vous ?). Les têtes se tournent vers l'être insolite que je suis. J'ai préparé mentalement quelques mots pour me présenter et remercier le bord de m'accueillir, mais je comprends que ce serait déplacé. Je ne suis pas dans une librairie, ici. Elsa affirme que je suis membre de l'Académie de marine, ce qui est faux mais je ne la reprends pas.

En fait, c'est parce que j'ai rédigé une préface à *La Guerre du Péloponnèse* de Thucydide, publiée par les éditions de l'École de guerre, que je me trouve là : cet embarquement est ma pige, en somme – lesdites éditions n'ayant pas le premier rond pour me payer, et c'est évidemment une rétribution bien plus attrayante que la somme, inévitablement (et déplorablement) modeste, qu'un éditeur normal m'aurait versée pour ce genre de boulot. Je dois deux choses à Thucydide l'Athénien : c'est à la note faramineuse (pas pharaonique) obtenue en traduisant un de ses textes à l'écrit du concours de Normale Sup', un jour où j'avais été touché par le don des langues, que j'ai dû d'« intégrer », comme on dit, l'école de la rue d'Ulm, et c'est grâce à cette préface à son œuvre, cinquante-cinq ans plus tard, que j'embarque pour les îles Éparses – car c'est le but de l'expédition : ravitailler les minuscules garnisons que la France entretient sur ces possessions disputées au milieu du canal du Mozambique. Je raconte ça à Elsa, plus tard, afin qu'elle ne se leurre pas sur ma qualité d'académicien, et il est clair que c'est la première fois que le nom de Thucydide franchit la conque de son oreille.

•

Sept heures et demie du matin, le bateau est sur le point d'appareiller lorsque le général commandant la zone sud de l'océan Indien exprime le désir urgent de me voir. Peut-être a-t-il eu une fiche faisant état de très anciennes activités assez peu compatibles avec un embarquement sur une unité de la Marine nationale ? Je me vois déjà contraint de remballer mes cliques et mes claques, livres et tout le reste, et de prendre le prochain vol de retour vers Paris. L'un des midships, étudiant en robotique qui porte le prénom rare d'Anténor, est chargé de me conduire à la caserne Lambert, à Saint-Denis, où siège le général. De nouveau nous roulons sous les hautes falaises noires emmaillotées de filets métalliques, la route pharaonique à notre gauche, cette fois. Le midship Anténor a enfilé une tenue impeccablement repassée, d'un blanc immaculé dont je me demande comment il fait pour ne pas y laisser paraître la moindre tache. J'apprends qu'il est fils de paysan et très catholique. Il est également grand et costaud, c'est un curieux mélange, je m'en apercevrai plus tard, de timidité et de brutalité. La caserne Lambert est un immense bâtiment (plus de deux cents mètres de long) construit au milieu du dix-neuvième siècle, ceint de galeries à arcades (au rez-de-chaussée) et colonnes (à l'étage), qui ressemble plutôt à un palais qu'à une caserne. Une sorte de colonnade du Louvre tropicale. Le Comsup Fazsoi, commandant supérieur des forces armées de la zone sud de l'océan Indien (ça va plus vite avec l'acronyme), y tient donc ses quartiers. Les escaliers monumentaux qui mènent à son bureau sont décorés de portraits de ses prédécesseurs, dont beaucoup constitueraient sans doute des cibles valables pour la *cancel culture*, à commencer par l'amiral Mahé de La Bourdonnais, gouverneur général des Mascareignes sous Louis XV, autant dire patron des esclavagistes (dont j'apprends d'ailleurs, écrivant cette relation de voyage un an et demi après l'avoir accompli, que la statue a été déplacée d'une place du centre-ville vers la caserne Lambert). Loin de me chercher des poux dans la tête, le Comsup me reçoit fort cordialement, à 8 h 30 du matin – il fait encore frais, des oiseaux multicolores jacassent dans les arbres, pleins de cet optimisme propre aux oiseaux –, avec un café sur la terrasse de son bureau. Il me fait un petit exposé géostratégique, d'où il ressort que dans la région il faut se méfier de l'expansion chinoise. Chose dont, sans me vanter, je me doutais (et je me demande *in petto* comment il ferait, ce Comsup, pour résister à une éventuelle agression chinoise avec des forces tout juste susceptibles, si je ne me trompe, de faire peur à l'armée du Monomotapa ; j'imagine que lui-même se pose la question). À un moment, il me fait cette confidence :

si jamais le *Champlain* (c'est le nom de mon bateau) était chargé d'une mission imprévue, plus ou moins secrète, cela peut arriver, il compte sur ma discrétion. Et comment ! J'adorerais que ce qui s'annonce comme une paisible croisière dans les mers du Sud prenne un petit côté James Bond. Ne vous en faites pas, mon général, lui réponds-je, je suis raisonnablement patriote. Je suis content de mon « raisonnablement », qui évite l'équivoque malheureusement attachée de nos jours au mot, autrefois révolutionnaire puis républicain, de « patriote ». (Et le fait est, autant le dire d'emblée, que je me sens raisonnablement patriote : aimant mon pays, et internationaliste : peut-on encore comprendre ça aujourd'hui ?) Le midship Anténor assiste sans mot dire à cette conversation, figé dans sa tenue blanche immaculée, sa modestie fait qu'il pensait m'attendre dans l'antichambre, et c'est en tremblant qu'il a accepté l'invitation du général à se joindre à nous.

•

Pendant que se déroule cette entrevue au sommet, le *Champlain* a appareillé de la pointe des Galets. Il va donc falloir le rejoindre au large, à bord d'un semi-rigide – une Edo, dans la langue de la Marine : embarcation de drome opérationnelle. La mer est hachée, il souffle un vent de 25 à 30 nœuds, le type qui mène l'engin (en ce premier jour, je ne connais encore ni la plupart des noms, ni les grades) a sans doute envie de s'amuser un peu, comme s'il pilotait une moto, peut-être aussi d'apprendre la vie de marin au vieux pékin qu'il est chargé de convoyer, histoire qu'il ne se croie pas dans un taxi, toujours est-il qu'il met la gomme et rebondit de vague en vague dans de grands jaillissements d'écume. Le vieux pékin essaie de faire bonne figure, même si la petite veste de lin qu'il a passée pour son rendez-vous avec le Comsup n'est bientôt plus qu'un torchon gorgé d'eau de mer et que ses antiques vertèbres se tassent douloureusement à chaque plat sur une crête. Cela fait… oh, très longtemps qu'il n'a plus fait un tour d'auto-tamponneuses. Est-ce que je me sens capable de grimper une échelle de calfat, me demande-t-on, et j'assure que oui, sans en être bien sûr, et à mesure qu'on approche du bateau j'en suis de moins en moins certain. Escalader ce truc sur une échelle de corde ? Aussi, grand est mon soulagement lorsque, arrivés sous la coque qui monte et descend dans les vagues, des câbles tombent du ciel dans un ronronnement de moteur électrique et on se retrouve tous, en moins de temps qu'il ne faut pour l'écrire, soulevés et posés sur le pont, l'Edo et nous dedans. Il semble qu'on ait voulu me faire marcher, comme on dit. C'est de bonne guerre. Et j'ai marché.

Arrivé à bord, une bonne nouvelle : Pierre, le midship polytechnicien – visage en lame de couteau, menton en galoche – dont je devais partager la cabine, va aller se faire loger ailleurs, je me trouve donc unique locataire d'un poste dont la superficie doit être presque équivalente à celle de mon studio parisien. C'est une aimable attention, même s'il me vient à l'esprit (rien n'est jamais simple) que ces égards sont sans doute dus à ma vétusté. La moyenne d'âge de l'équipage doit avoisiner les vingt-cinq ans, peut-être un peu plus, et il est clair à de multiples signes qu'ils n'ont jamais vu une vieille chose comme moi à bord. Ils n'en reviennent pas. Monsieur Rolin, est-ce que vous allez pouvoir… monter et descendre les échappées, embarquer à bord des semi-rigides constituant la « drome » du *Champlain*, supporter les mouvements du bateau sans vous casser le col du fémur, etc. ? Leurs inquiétudes, au début au moins, sont incessantes. À leurs yeux, je suis si vermoulu que je risque l'effritement au moindre choc. Heureusement j'ai une certaine expérience de la vie en mer, et ils vont finir par s'en apercevoir. Je n'ai jamais eu le mal de mer – contrairement au commandant, qui par gros temps descend dormir à l'infirmerie, à fond de cale, où les mouvements du bateau sont moins amples. L'anxiété à mon égard va donc bientôt décroître, mais pas une certaine distance, nullement hostile, pas respectueuse non plus – je ne crois pas, et il n'y a d'ailleurs aucune raison – mais infranchissable : malgré mes invitations répétées, nul ne se résoudra à me tutoyer, en dehors d'Elsa, du polytechnicien et, de temps en temps, du commandant. Je suis une créature bizarre, échouée là on ne sait comment ni pourquoi, à cause d'un certain Thucydide.

On reste toute la journée à faire des cercles au large de La Réunion. Exercice d'homme à la mer, on largue un croisillon, tous les jeunes officiers se mettent l'un après l'autre à la manœuvre, depuis l'aileron. La barre à droite vingt, machine quarante, machine stop, propulseur d'étrave droite quarante pour cent. On met à l'eau un semi-rigide (une Edo), son équipage paré, casqué. On attrape le supposé naufragé. Si je passe par-dessus bord (hypothèse fantaisiste), apparemment ils sauront me récupérer. L'île grise, emmitouflée de nuages. Des grains croulent, la mer fonce et blanchit. La nuit tombe, des lumières s'allument à la Pointe des galets, dans les hauteurs bleues de la montagne. « Poste aviation », maintenant : deux marins en tenue grise ignifugée se tiennent prêts dans la pénombre, devant la passerelle, le bosco en « chien jaune » agite ses bâtons lumineux, des fantômes descendent sur la plage avant dans un grand froissement de pales puis remontent au ciel, l'hélicoptère bascule et disparaît, feux clignotants dans la nuit. 20 h 30, l'exercice terminé, on « transite » vers Durban, à mille cinq cents nautiques.

Il faut s'habituer au lexique des marins, truffé d'acronymes, de mots contractés (le Comops, le Comanav…), d'autres détournés de leur signification habituelle. Premier dîner, au carré des officiers. J'ai un rond de serviette « invité ». Estelle, une petite brune assez délurée qui a vécu en Libye, en Angola, en Indonésie (il n'est donc pas difficile d'en inférer que son père travaille chez Total), complète avec Anténor et Pierre le polytechnicien la brochette des aspirants ou midships (dits souvent « les mimis », et dans son cas c'est assez juste). Il y a encore, autour de la table, Elsa le second (on ne dit pas « la seconde », je n'y peux rien), l'enseigne de vaisseau Hector Floche, qui assume les fonctions mystérieuses pour moi de Comops, auvergnat aux cheveux en brosse dont le menton fuyant fait une moyenne avec celui de l'X, non dénué d'un esprit grinçant, sans doute celui avec qui j'aurai le moins de rapports – il me semble qu'il me regarde de travers, mais comme je suis prompt à imaginer ce genre de choses, il se peut que je me sois trompé. Vincent, le commandant, préside, un peu pète-sec, il parle très vite et bas, j'ai du mal à le suivre (légèrement dur de la feuille, pépé ?). On n'est jamais si nombreux autour de la table du carré, évidemment, il y en a toujours qui sont de quart – sauf moi, qui ne fous rien, à part prendre des notes, une fois retourné dans mon poste. On ne boit que de la flotte, je ne peux m'empêcher de demander au commandant (comme s'il s'agissait d'un simple renseignement sur la vie militaire, sans aucune incidence personnelle) si le vin est prohibé à bord. Il y en a uniquement le dimanche, pour ceux qui aiment ça, m'est-il répondu. Lui-même ne boit jamais d'alcool. Bon. Je sens que ce voyage vers les îles Éparses va me faire du bien.

•

Premier réveil dans ma couchette. Ce n'est pas un clairon qui sonne le branle-bas à sept heures et demie mais « Les copains d'abord » de Brassens diffusés par les haut-parleurs, très bas au début puis de plus en plus fort : c'est moins martial, et c'est attentionné pour ceux qui ont le réveil difficile. L'appel a lieu sur la passerelle, vaste salle vitrée sur les quatre côtés, barrée par les pupitres et consoles des commandes, des cartes, des communications, etc. Le commandant y trône sur un fauteuil genre aéronautique (plutôt business que classe éco), en arrière et un peu au-dessus du pupitre des commandes. Silencieux la plupart du temps, lisant parfois. « Celui qui est le moins indispensable à la marche du bateau, dit-il philosophiquement, c'est le commandant. » Chacun en principe connaît son rôle, lui n'est là que pour contrôler, corriger s'il le faut. La mer monte et descend, bascule d'un côté puis de l'autre, lentement, obstinément, derrière les vitres. Je commence à identifier quelques autres membres de l'équipage, le capitaine d'armes, barbu toujours en treillis, le maître principal Koffi, dit le cipal, grand Mahorais dégingandé, souriant, efficace, le maître Abdullah, un Comorien, le matelot Céline Borges, une jeune Réunionnaise au sourire discret mais confondant. Immédiatement après l'appel, exercice anti-incendie Securex 4. Des téléphones sonnent, des voyants clignotent, des messages incompréhensibles (pour moi) tombent des haut-parleurs, le gracieux matelot Céline enfile une sorte de scaphandre, gants, cagoule, appareil respiratoire, et file par l'échappée. La vie des marins, je m'en apercevrai, est largement une vie imaginaire (c'est leur point commun avec des comédiens), rythmée par des situations fictives : on simule un feu, un homme à la mer, une avarie de barre, une approche par des embarcations hostiles, on fait ce qui est prévu par le règlement, on tire ensuite le bilan de la façon dont la pièce a été jouée. C'est certainement nécessaire pour parer au cas où la vie réelle viendrait inopinément prendre la place de la vie représentée, c'est utile aussi pour tromper l'ennui des longues journées de mer. Il y a des règlements pour tout – par exemple, Gunex 601B : « Warning 1 : Vous approchez dangereusement d'un bâtiment de guerre français. Je vous demande de vous identifier et de préciser vos intentions », et il y a ensuite, de plus en plus impératifs, warning 2, warning 3, jusqu'à warning 4 : « Ici le bâtiment de la Marine nationale sur votre avant. Pour ma propre sécurité et ma défense je vais ouvrir le feu. » Sur une unité aussi faiblement armée, pour ne pas dire désarmée, que le *Champlain*, l'exercice consiste en ceci : le capitaine d'armes ouvre un caisson contenant des fusils d'assaut Famas, un marin casqué et muni d'un gilet pare-balles s'en empare, enclenche un chargeur, court sur l'aileron et menace le vide. Quand le vide a obtempéré, l'exercice est fini. Il y a aussi paraît-il une mitrailleuse rangée quelque part, mais je ne l'ai jamais vue.

Le vent et la mer viennent de l'arrière, ce premier jour d'un « transit » qui doit en durer cinq jusqu'à Durban. De lourdes pluies nous environnent, la visibilité est mauvaise, la sirène mugit régulièrement. Un fort roulis fait voltiger tasses et verres (d'eau) au carré. Dans mon poste, j'ai du mal à maîtriser le fauteuil à roulettes dont la course désordonnée m'évoque celle du canon désarrimé dans l'entrepont de la corvette *Claymore*, au début de *Quatrevingt-treize* (« Comment deviner ces affreux méandres ? On a affaire à un projectile qui se ravise, qui a l'air d'avoir des idées, et qui change à chaque instant de direction »). Bon, en nettement moins dangereux tout de même, le fauteuil ivre ne risque pas de m'écraser, ni de défoncer la cloison… M'étant résolu à le mettre cul par-dessus tête, je remonte à la passerelle. Le maître Abdullah m'a délivré deux TPB, « tenues de protection de base », la combinaison ignifugée bleu sombre barrée d'une bande phosphorescente que porte tout l'équipage, avec ça je fais un peu moins touriste, j'ai même l'impression, vu mon âge, d'avoir l'air d'un amiral (en débarquant, dans un mois, je regretterai de ne pas en emporter une). Je passe le temps en parcourant un livre consacré aux *Mammifères marins et reptiles marins de l'océan Indien et du Pacifique*. J'y apprends des tas de choses intéressantes, par exemple l'existence du squalelet féroce, un petit requin dont je n'avais jamais entendu parler, ne dépassant pas cinquante centimètres de long, mais mordant tout ce qui bouge sans se laisser le moins du monde impressionner par la taille de la proie, un vrai roquet (on a même relevé, paraît-il, des morsures de ce furieux sur le revêtement de sous-marins). Le squalelet (dont je ne sais pas ce qu'il fait dans ce livre, n'étant ni un mammifère ni un reptile) a une sale gueule, avec de gros yeux globuleux « à fleur de tête » (comme on dit dans les romans du dix-neuvième siècle, s'agissant d'hommes, et je n'ai jamais très bien compris ce que cette expression désignait, mais ça doit être ça) et une bouche à lèvres épaisses et dents acérées, mi-ventouse mi-scie, avec laquelle il prélève des disques de chair de cinq centimètres de diamètre. Sale bête. Il y a encore, parmi les créatures bizarres, le cachalot nain, ne dépassant pas 2,70 mètres de long, et l'orque pygmée, qu'« il est difficile de distinguer de la pseudorque et du péponocéphale » (autrement dit dauphin à tête de melon). J'apprends aussi que les dugongs « communiquent par gazouillis, sifflements et aboiements : on dit qu'ils barbaroufient ». Tout ça est distrayant. Barbaroufler, voilà un verbe que je me promets d'employer (c'est fait). La capacité qu'ont les tortues marines à retrouver leur plage de naissance se nomme philopatrie, je l'ignorais. L'histoire, que reprend le bouquin qui traîne avec quelques autres sur la passerelle, des mille deux cent quinze soldats japonais bouffés par des crocodiles marins en Birmanie en 1945, est controuvée – je le savais déjà, mais si je ne l'avais pas su la précision du chiffre, mille deux cent quinze, me l'aurait peut-être fait suspecter. De temps en temps je lève les yeux pour voir si un cachalot, nain ou pas, paraît à la surface alternativement grise et bleue de l'océan, mais non, rien. Ce qui rend fascinante la contemplation de la mer au large, c'est que cette surface cache quelque chose, une vie énorme et grouillante, en dépit des efforts faits par les hommes pour l'anéantir. Sur terre, nous sommes de plain-pied avec la vie animale (même si en général elle se dissimule), et le ciel au-dessus de nous est transparent. En mer, on ne la voit pas, on imagine qu'elle est là, en dessous, puissante, rapide, presque inconnue, venue de bien plus loin dans le temps que nous, mais invisible. Quand elle se manifeste, c'est sous l'espèce du surgissement : un voile se déchire un instant, un être paraît, une partie de cet être plutôt, un aileron, un dos, qu'en général on ne sait pas identifier, puis replonge dans un mystère où nous n'avons pas accès. Une épiphanie. Rien de plus proche des dieux que les créatures marines. On ne parle pas de monstres terrestres, aériens moins encore, sauf dans les contes ; mais les créatures d'en dessous sont volontiers dites « monstres marins ». Moby Dick perdrait beaucoup à être un éléphant.

À midi, on a changé d'heure, passant de « l'heure Bravo » à « l'heure Charlie ».

•

Pendant les deux jours qui suivent, on contourne la pointe sud de Madagascar. Sous un ciel changeant on croise quelques bateaux, un énorme engin de forage pétrolier du nom de *West Carina*, espèce d'échafaudage flottant qui passe non loin de nous, le *Big Glory*, un vraquier singapourien dont un coup d'œil à l'application Marine Traffic m'apprend qu'il est, au moment où j'écris cette ligne, au mouillage à Ventspils en Lettonie, après un voyage de vingt-huit jours depuis Saldanha, en Afrique du Sud, le *AAL Jupiter*, un autre vraquier – à présent rebaptisé *Whale Shark*, il vient de quitter le port chinois de Humen à destination de Vancouver. (Ces indications sont inutiles, je le sais, mais je suis, je le confesse, du genre qui « pâlit au nom de Vancouver » comme le poète belge Marcel Thiry, c'est mon côté cendrarsien – peut-être pas le meilleur.)

Un exercice de tir est organisé sur la plage arrière, chacun à son tour canarde, au pistolet et au Famas, des bidons remorqués dans le sillage. Le cipal Koffi m'encourage à y participer mais le Comops auvergnat s'y oppose, pour une raison que je n'arrive pas à déterminer : craint-il qu'une fois armé, repris par de douteuses passions politiques, je prenne le bateau en otage ? Que je me suicide ? Ou que, maladroit, je me blesse ? Je me rabats sur la lecture, une activité sans doute plus conforme à l'image qu'on se fait de moi à bord : assis sur les dernières marches de l'échappée qui conduit à la plage avant, un endroit où le vent atténue un peu la grande chaleur, je lis *Le Dimanche de Bouvines* devant l'horizon scintillant qui monte et descend lentement, mais où aucun monstre ne daigne paraître. Seulement des giclées d'exocets, ailes irisées, flèches vibrantes parmi les étincelles de l'eau. Certains champions réussissent des vols d'une centaine de mètres, ricochant de vague en vague, d'autres se plantent à peine décollés (je fais mentalement des pronostics, comme si je pariais aux courses). Les chevaliers ferraillent autour du pont de Bouvines, le duc Ferrand de Flandre est ramené ferré, l'horizon monte et descend, monte et descend, rayé de poissons volants, à l'entrée du canal du Mozambique.

À la passerelle le commandant, assis sur son trône, lit *Le Météorologue*, que je lui ai dédicacé. Le navire avance sous pilote automatique, le matelot Borges est assis au pupitre des commandes, devant le joystick qui tient lieu de barre, les divers voyants, les écrans qui contrôlent la marche, le pas des hélices, le traceur GPS où s'affichent sur la carte la position et la route, le cercle bleu nuit du radar où la côte sud-ouest de Madagascar dessine, à droite, une épaisse ligne dorée, la synthèse propulsion où se lisent les données des machines. Le matelot Borges lit, elle aussi, un livre qui appartient je crois au genre dit « comédie romantique » : *Noël au bord de l'eau*, de l'auteure anglaise Jenny Colgan. Je lui demande si c'est bien, elle me répond que oui, avec un merveilleux sourire. Je me demande pourquoi je n'écris pas des livres susceptibles d'être lus par des lectrices comme le matelot Borges. Le commandant a terminé *Le Météorologue*, c'est effrayant, me dit-il, comme les sociétés se plient à la folie de maîtres violents, Staline, Hitler, Pol Pot. Il lui arrive de s'interroger sur la fonction militaire, n'ajoute-t-elle pas à la violence ? Mais chez nous ce n'est pas le cas, se rassure-t-il. Le fait est que la micro-société formée par l'équipage, sur ce bateau en tout cas, paraît à la fois plus disciplinée mais aussi plus représentative des différentes composantes de la population, plus solidaire, voire amicale, que bien d'autres collectivités, plus motivée aussi : la question du « sens » de ce qu'on fait, devenue si prégnante, ne semble pas obsédante à bord, personne ne doute, semble-t-il, de l'utilité de son boulot. Bien des choses, un gouffre générationnel surtout, ont fait que j'ai souvent eu l'impression d'être un étranger sur le *Champlain*, mais je me sentais en accord avec cette façon de vivre en commun. À l'extérieur, un type dont je n'ai encore repéré ni le nom ni le grade (c'est, je m'en rendrai compte plus tard, le chef mécanicien) passe et repasse autour de la passerelle, en petites foulées, il fait son jogging vespéral en parcourant inlassablement tous les ponts du bateau, montant et descendant les échappées. Le sillage au crépuscule : peau de panthère verdâtre sous un ciel gris-rose.

•

« L'île d'Europa peut être aperçue au radar à quinze nautiques, voire vingt-cinq nautiques par très beau temps », spécifie la fiche Mission TRDI (tournée de ravitaillement des îles Éparses). « Cette distance est très fortement réduite par mer forte. On aperçoit l'île à l'optique à douze nautiques. » Pendant la nuit, on est arrivés devant Europa, la plus sud des îles Éparses du canal du Mozambique. C'est une panne d'un des compartiments frigorifiques qui nous oblige à ce crochet imprévu sur la route de Durban : il faut livrer les vivres frais à la minuscule garnison qui y campe avant qu'ils ne se corrompent. On repassera plus tard, et plus longuement, après les escales prévues en Afrique du Sud et à Maputo au Mozambique. Ces îles Éparses (du sud au nord et à l'est : Europa, Juan de Nova, Glorieuses, Tromelin, sans compter l'atoll, submergé à marée haute, de Bassas da India) sont un vestige de l'empire colonial, et, en tant que tel, revendiquées par Madagascar, notamment – d'où la présence d'une quinzaine de militaires sur celles qui sont habitables, histoire qu'on ne nous les fauche pas par surprise. Je ne me prononcerai pas sur une question de droit international pour laquelle je suis incompétent, mais enfin il est certain qu'elles ont été arbitrairement séparées de Madagascar en 1960, au moment de l'indépendance de cette ancienne colonie. D'un autre côté, si j'étais une tortue marine, ou un poisson corallien, ou même un requin, je préférerais qu'elles restent sous pavillon français, faute de quoi j'aurais toutes les chances de finir à la marmite, ou amputé de mes ailerons. Et on peut estimer aussi que Madagascar a des problèmes autrement graves et urgents que la reconquête de ces îlots, qui ne sont ni Taïwan, ni même les Malouines.

À l'aube on mouille devant Europa, donc, par vingt-deux mètres de fond, devant le platier de corail sur lequel la mer brise. L'équipe de mouillage, sur la plage avant, manœuvre au sifflet, sous les ordres du second maître Astaki, un sympathique Mahorais au nez en patate, à la voix chantante, presque roucoulante (lorsqu'il n'a pas le sifflet entre les dents). Débloquer le stoppeur – une sorte de fourchette qui bloque la chaîne d'ancre sur le guindeau. Attendre que le bateau casse son erre. Desserrer le frein. La chaîne descend en grondant, lâchant un nuage de rouille. Serrer le frein. Desserrer le frein, larguer deux maillons supplémentaires (un maillon = 27,50 mètres). Resserrer le frein. Le second maître Astaki, à plat ventre, tête passée par un sabord à l'extérieur de la coque, vérifie que la chaîne s'étale bien. Baisser le stoppeur. Hisser le pavillon au mâtereau de proue. La passerelle annonce : terminé barre et machine. On est à l'ancre, avec près de cent mètres d'eau sous la quille. Position : 22° 20' sud, 40° 20' est. Devant s'étire un feuilleté de couleurs allongées en bandes horizontales : bleu sombre des grandes profondeurs qui cernent l'île, puis blanc écumeux et vert laiteux au-dessus du platier, blanc éblouissant du sable corallien, bande vert-de-gris de la végétation, et par là-dessus encore l'énorme presse bleue du ciel. Quelques nuages de coton. On aperçoit le toit de la cagna du gendarme, représentant de la République sur ce bout du monde, quelques têtes de cocotiers ébouriffées au-dessus du camp invisible des militaires. Dans le ciel tournent des frégates noires au bec crochu, aux ailes longues et minces en chevrons, à l'affût. Le cipal Koffi me raconte avoir assisté à un massacre de bébés tortues par des frégates, il avait pu en sauver un ou deux, tout de même. De grands poissons jaunes nagent mollement autour du bateau. Un semi-rigide chargé de vivres frais fait des rotations jusqu'à la plage où attendent des troufions. Cette fois, je ne verrai rien d'autre d'Europa. Avant midi on est repartis, roulant beaucoup, labourant l'outremer, soulevant gerbes et voiles d'écume et fugaces arcs-en-ciel, escortés par un fou à bec azuré qui plonge de temps en temps sur un poisson volant.

•

En route, Estelle me fait visiter les « sous-sols » du bateau : l'armurerie, la soute à munitions, domaine du capitaine d'armes où on ne peut pénétrer, qu'on peut seulement voir à travers un hublot, le compartiment du propulseur d'étrave tout à l'avant, celui, à l'arrière, de l'appareil à gouverner, les deux machines Cummins de deux mille chevaux chacune, les lignes d'arbre tournant sur leurs paliers, l'infirmerie, la cambuse, les divers générateurs, osmoseurs, cuves à eaux noires, le local plongeur, l'atelier, la salle de sport, les deux « salles de rétention » qui peuvent servir de dortoirs mais aussi de prisons… Tuyaux, conduites gainées, vannes, échelles, panneaux fermés par des volants, portes étanches lourdes comme des portes de coffres-forts, glissant cependant que clignote un voyant et retentit un klaxon. Chaleur, bruit. Elle est bien mignonne, Estelle. Elle est marrante, elle fait un peu la chatte au carré des officiers, mais peut-être ne joue-t-elle pas, peut-être et même sans doute lui est-ce naturel. Dix-neuf ans… Des pensées inévitables me traversent l'esprit, que je chasse aussitôt. Tiens-toi tranquille, l'ancêtre (tu n'es pas Victor Hugo). De temps en temps une vague gifle la coque. Gong.

•

J'ai maintenant identifié à peu près tous les membres de l'équipage – ils ne sont qu'une vingtaine, ce n'est pas trop difficile. Le maître principal Flohic, dont il n'est pas nécessaire de préciser qu'il est breton, l'air toujours un peu renfrogné, est Comanav – fonction dont les responsabilités et prérogatives m'échappent encore, mais je sais qu'elles sont importantes. C'est l'un des rares, avec le commandant, à avoir dépassé la trentaine – assez largement dans son cas. Le premier maître Jacob, un autre Breton, et le second maître Bertelli, de La Ciotat, forment l'équipe du Sic, système d'information et de communication. Bertelli, qui ne doit guère avoir plus de vingt ans, m'a cependant à la bonne, il me propose de temps en temps une cigarette que j'accepte autant par faiblesse que pour honorer ce geste intergénérationnel, et qu'on va fumer en douce sur une coursive à l'arrière. Le bruit court qu'il aurait ou pourrait avoir une histoire avec Estelle, lui-même ne dément pas, je l'envie. Un autre que j'envie, c'est le maître Simons, qui est réputé être le compagnon du matelot Borges – son visage est aussi fermé que celui de sa compagne est tranquillement radieux. Longue conversation avec le commandant, d'où je retiens qu'il n'a pas du tout le profil qu'on imagine à un officier de la « Royale » : père juif, mère protestante, lui-même athée et fier de l'être. Tant qu'on est dans les religions, je lui demande s'il n'y a pas de problème à bord avec les marins musulmans, et il me répond qu'il n'y en a aucun, que ce sont des marins de la République française, point (que tout le pays n'est-il à l'image de ce bateau…). Il m'avoue que, lorsqu'on l'a consulté sur ma venue à bord, il a été effrayé par mon âge (à présent il a l'air à peu près rassuré). Cette croisière marque vraiment pour moi un passage dans ma vie, ce n'est pas seulement vers les îles Éparses que je navigue, mais vers l'état déplorable, fragile et un peu ridicule, de vieux (pas vieillard, qui est un stade ultérieur de la dégradation) : jamais encore (et sans qu'il y ait mauvaise intention de la part de mes compagnons de voyage) je n'ai éprouvé à ce point que je faisais désormais partie d'un autre monde. Habitué qu'on est à soi-même et à son apparence, on ne s'est pas vu se transformer en cet être de papier mâché en qui les autres, qui ne vous connaissent pas, identifient immédiatement un semi-vivant. L'océan Indien sera pour moi la mer de la Sénilité... Parfois je m'en amuse, mais pas toujours.

Vincent me demande pourquoi, jeune, je suis devenu maoïste : la question se pose, en effet. Ce n'est plus tout à fait un gamin, même s'il a parfois, au carré, des amusements enfantins (ou que je juge tels), c'est sans doute le seul à bord à qui il arrive de lire ce que j'estime être de vrais livres (même les miens !) : cela me le rend moins étrange que les autres, mais pas très proche quand même, parce que je le traite avec les égards dus à sa position de maître à bord, et lui avec réserve, comme un être bizarre. Pas désagréable, mais bizarre. Susceptible peut-être de lui créer des ennuis – pas en me cassant une jambe, je crois qu'il ne craint plus trop désormais ce genre d'emmerdement, mais en écrivant je ne sais quoi. (Enfin, tout ça, je l'imagine, mais écrire qu'est-ce sinon ça, imaginer, gloser, reconstituer, déformer, ironiser, faire le malin en somme ?) Moi je l'aime bien, le commandant, à sa façon il me semble dans son rôle. Je trouve bien qu'il me tienne un peu à distance, une distance courtoise. Il est sans doute loin de s'en rendre compte, mais j'envie la netteté de son boulot (et j'admire qu'il le mène à bien, silencieux sur son trône ergonomique à la passerelle) : amener son bateau de La Réunion à La Réunion en faisant le tour de Madagascar via les îles Éparses avec le moins d'ennuis possible (y compris ceux que pourrait créer un vieil écrivain).

« Le personnel plage arrière est attendu en zone treuil. Securex à l'issue. » (La locution « à l'issue » signifie « ensuite » dans le sabir Marine nationale.) « De passerelle : attention fermeture des portes étanches. De passerelle : portes et ventilation stoppées. Le DDI se situe plage arrière. De passerelle : les pompiers arrivent dans deux minutes. » « Fin de l'exercice, rangement du matériel, débriefing à l'issue en passerelle. » Les journées passent ainsi, d'exercice en exercice, la mer scintille, aucun cachalot ne s'y montre, ni orque ni rien, le soleil chauffe les tôles, les quarts se succèdent, le sillage fait monter dans ma mémoire les vers furieusement allitératifs de Coleridge : « *The fair breeze blew, the white foam flew, / The furrow followed free; / We were the first that ever burst / Into that silent sea.* » C'est sans doute ça aussi, avoir la tête pleine de ruines de poèmes, de débris de livres, ce cliquetis de mots qui meuble mon silence (tiens, un alexandrin vient sans crier gare), qui me rend étrange aux yeux du commandant et des autres (sans qu'ils sachent à quel point tous ces décombres s'entrechoquent dans ma tête, mais ils doivent bien s'en douter ; sans qu'ils sachent aussi combien moi j'envie leur vie efficace, avec « débriefing à l'issue en passerelle »). Le soleil se couche dans son sang qui se fige, eh eh… Le rayon vert, ce ne sera encore pas pour cette fois. Demain matin, on apercevra la côte d'Afrique.

•

À 8 heures, on devine à tribord une côte brumeuse. Tout l'équipage devant subir un dépistage du Covid avant d'être autorisé à débarquer, on mouille devant

Durban par vingt-deux mètres de fond, à deux milles dans l'est du *Bluff*, le brise-lames, et on attend le testeur qui arrive dans une petite vedette bleue, monte par la hanche tribord, s'installe dans la cafétéria du bord, où chacun va se faire fourrager les narines. On aura les résultats demain. J'ai une peur terrible d'être trouvé positif, et de compromettre ainsi l'escale, que tout le monde attend avec impatience. Ils ont déjà tous, pianotant sur leurs téléphones, loué des Airbnb, des voitures, des quads, réservé des places pour des safaris-photos, des parcs d'attractions, des sauts en parachute, ils s'échangent des bons tuyaux, ils sont très excités à l'idée de ces quatre jours à terre dont ils ont tout programmé (moi dont les compétences informatiques ne vont guère plus loin que l'achat de billets SNCF, je regarde leur agilité sur le Net sans envie mais avec ébahissement). Il est clair que celui qui les priverait de ces vacances serait regardé sans bienveillance. Élément extérieur, vieux, je ferais un coupable idéal. Je tremble. L'infirmière nous réunit pour un briefing santé dans la salle de rétention bâbord. Les maladies vénériennes, ça ne me concerne plus vraiment, le paludisme, si : je commence donc à prendre des comprimés d'atovaquone. Moi, la perspective de ces longues journées à terre ne m'enchante guère. Je n'ai aucun goût pour le tourisme tropical, encore moins en groupe, et puis je les gênerais autant que je serais gêné moi-même. (En même temps, je me demande si je ne suis pas décidément devenu trop ours, je me répète une phrase de Michaux, « ce qui a manqué surtout à ma vie, jusqu'à présent, c'est la simplicité » : c'est peut-être vrai ?)

Le lendemain matin, le bruit court qu'il y a à bord un pestiféré – merde, si c'était moi? Ça va être moi! Je me vois déjà obligé de faire mon autocritique, coiffé d'un bonnet d'âne, mis au pilori, enfermé en salle de rétention –, puis la rumeur dit que ce serait le capitaine d'armes, et la nouvelle est bientôt confirmée. Il devra rester consigné à bord, tous les autres ont le droit de débarquer. Soulagement général, le mien pas pour les mêmes raisons que les autres. On dérape l'ancre, on remet en route lentement, deux gros pilotes débarquent d'un hélicoptère sur la plage avant. À la passerelle, ils jacassent entre eux, ne servent à rien. On rentre dans le port entre deux porte-conteneurs. Machine bâbord, machine tribord, arrière 20, avant 30, zéro la barre, les ordres sont répétés, la fin de la manœuvre se dirige depuis l'aileron. Le commandant sur son trône, silencieux, attentif. Le bateau se rapproche lentement du quai, chassant une masse de cannettes, de bouteilles en plastique, d'épaves diverses, on lance les pommes de touline, que récupèrent des lamaneurs en combinaison orange, on capelle les aussières sur les bollards, on les raidit (pardon pour ces termes techniques, mais ils sont faits pour être employés, il faut désigner exactement les gestes, les choses ; Ronsard, selon Flaubert qui l'en approuve, recommandait « au poète de s'instruire dans les arts et métiers, forgerons, orfèvres, serruriers, etc. ». La désinvolture avec laquelle le lexique maritime est traité rend exaspérante la lecture de certaines traductions). À neuf heures on est à quai au *passenger terminal.* Deux policiers sud-africains viennent nous expliquer que la ville est dangereuse, qu'il ne faut pas s'y promener seul. C'est bien ma chance.

port de Durban, 18.1.2022

•

À Durban, j'occupe mes journées comme je peux. Longues balades dans le cagnard, le long de la mer, vers North Beach, regardant briser les brisants, écumer l'écume et pêcher les pêcheurs, retours le long d'autoroutes urbaines écrasées de chaleur, déjeuners dans une pizzeria de plage, dîners dans un restau mozambicain où le service est effroyablement long, mais ça ne fait rien, j'ai tout mon temps (le poulet piri-piri est bon, et le serveur content de voir que je baragouine portugais). La nuit venue, je regagne le bord (les agents de contrôle à l'entrée du port regardent avec perplexité ce Blanc solitaire qui marche à pied, *where are you going?* me demandent-ils, et je réponds *French warship*, et je montre la petite carte que la Marine nationale m'a délivrée, où il est écrit que mon domicile est le Bsaom *Champlain*, *warship*, navire de guerre, c'est un bien grand mot, mais enfin c'est ainsi que nous sommes enregistrés par les services portuaires). Arrivé à bord je regarde manœuvrer les porte-conteneurs, je peux passer des heures à observer ça, ces mastodontes illuminés. Les jours passent lentement, quand même. Avec le premier maître Delbos, je visite l'aquarium d'uShaka (le genre de distraction que la hideuse langue à l'usage des touristes qualifie de *world class entertainment*). Requins, murènes, etc., sales gueules à dents mal plantées et petits yeux de verre.

Heureusement il y a les Botanic Gardens, l'ombre de ses grands arbres qu'agite un vent léger. C'est un monde pacifié, ici. De grosses employées joviales, en uniforme bleu roi au volant de leurs petites voitures de golf, m'adressent des « hello ! », et je me sens moins seul. Des oies café au lait se dandinent sur les pelouses. Sur le tronc d'un très haut kapokier, un écriteau indique que les Mayas croyaient que les âmes pouvaient monter au ciel par ses branches, et j'essaie d'imaginer comment les âmes montent aux arbres. Sur un banc dédié à la *beloved memory* de Manie et Pat Dorasamy, dont l'âme a grimpé aux branches en 1989 et 1998 respectivement, et à qui j'adresse une pensée reconnaissante, car leur banc est bien accueillant, sous un bosquet de bambous

et d'arbres à encens (*East African gum copal*), je relis *Un rude hiver*, et voilà qu'à la fin je tombe sur cette phrase : « La vie des hommes, ce n'est pas comme le temps. À partir d'un certain moment, il n'arrête plus de neiger. Il neige, il neige, il n'arrête plus de neiger… », et je me sens soudain devenu bonhomme de neige sous le soleil de l'été austral.

Quitter les Botanic Gardens, c'est vraiment être chassé du Paradis. Dehors, dans le quartier de Berea au-dessus du champ de courses, sur Milner Road puis Cowey Road, puis cette rue curieusement appelée Problem Mkhize, du nom d'un militant anti-apartheid prénommé Problem (beaucoup, dont je suis, pourraient s'appeler ainsi), se succèdent les villas ceintes de hauts murs hérissés de pointes entrecroisées, de barrières électriques, de fils barbelés concertina entre les spires acérées desquels des hibiscus pointent leur tête éclatante. Des panneaux préviennent partout : ARMED RESPONSE. Rappel de ce qu'est Durban, et l'Afrique du Sud en général, je crois : inégalitaire et violente (le chef Flohic et le premier maître Jacob se vantent d'avoir « rétamé » un agresseur armé d'un couteau). « Un pays de dingues, ici », selon Flohic. « Si vous êtes abordé dans la rue », recommandent les consignes de sûreté portées sur la *Tourist Map*, « restez calme et montrez-vous coopératif », sans qu'on sache très bien de quel genre de coopération il peut s'agir.

•

Cela fait quatre jours que nous sommes à quai à Durban, et j'apprends que l'escale de Maputo est annulée, le gouvernement mozambicain ayant traîné les pieds pour délivrer son autorisation (peut-être parce que le Mozambique aussi a des vues sur les îles Éparses). Et comme Europa, notre prochaine destination, est sur la trajectoire d'un cyclone, on va rester ici encore cinq jours de plus, le temps de le laisser passer. (Ça ne me déplairait pas, pourtant, en sécurité sur un bateau puissant, de vivre les pages où le *Nan-Shan* affronte le typhon que raconte Conrad. La phrase où le capitaine MacWhirr voit, dans la nuit, « une blanche ligne d'écume s'avancer, à une telle hauteur qu'il n'en pouvait croire ses yeux », m'a toujours fait dresser les cheveux sur la tête, comme cette note de l'*Admiralty Chart from Richards Bay to Imhambane* – c'est notre route : *Abnormal waves up to*

20m in height, preceded by a deep trough, may be encountered at the sea ward edge of the continental shelf, « des vagues exceptionnelles mesurant jusqu'à vingt mètres de haut, précédées par un profond creux, peuvent être rencontrées à la lisière du plateau continental ». Il y a là pour moi une violente poésie, si la poésie consiste à donner des émotions avec les mots. Mais je comprends que ce désir irresponsable ne soit nullement partagé par le commandant, dont le boulot n'est pas de donner des émotions à un vieil écrivain.) J'ai un moment de découragement à la perspective de devoir prolonger l'ennui de ce séjour à terre. Je devrais mettre ce temps à profit pour tenter une sortie vers Johannesburg ou Cape Town, mais je me sens aboulique – et cette constatation achève de me démoraliser. Je choisis donc la solution paresseuse de prendre une chambre, comme d'autres membres de l'équipage, à la *Anchor's Rest Guest House*, à Umhlanga, au nord du Durban. Umhlanga est une sorte de ghetto balnéaire pour riches, noirs ou blancs. Ça a des bons côtés : on peut se balader tranquillement dans les rues, où l'on croise autant de *white* que de *coloured people*, alors qu'à Durban la ségrégation géographique est évidente. La nation arc-en-ciel, le moins qu'on puisse dire est qu'on ne la rencontre pas beaucoup sur les trottoirs. Ici, à Umhlanga, tout a l'air bien paisible, bien pacifiquement multiethnique – une paix garantie, il est vrai, par de nombreuses voitures de sociétés de sécurité privées patrouillant dans les rues.

Promenade au phare. Fracas des brisants. Ligne sur l'horizon des cargos au mouillage, attendant d'entrer à Durban. Surfeurs. Jolies filles bondissant dans l'écume.

Short, casquette, godasses de sport : l'uniforme ici (je ne fais pas exception). Cocktails sous des parasols. Clôtures électrifiées, bougainvillées, hibiscus, frangipaniers, mauve, rouge, rose. Un singe à la queue en point d'interrogation traverse la rue, saute dans un jardin, sans être gêné, apparemment, par l'*electric fence*. Pêcheurs à la ligne, qui ne ramènent que des sacs en plastique. Cafés et restaus de Chartwell Drive, la rue principale : musique à fond, brouhaha, écrans géants où passent et repassent des matchs de foot (ces rectangles verts où s'agitent des petites figures humaines sont devenus le décor universel). Umhlanga n'est pas le genre d'endroit où je passerais des vacances, mais nécessité fait loi. Je retrouve des membres de l'équipage le soir, pour dîner (après, ils vont s'éclater dans des boîtes de nuit, et je les laisse, évidemment). Avez-vous, as-tu (le commandant hésite à me tutoyer, n'y parvient pas, en dépit de mes encouragements), avez-vous déjà vécu si longtemps au milieu de tant de gens jeunes ? Je pourrais lui répondre, comme Houellebecq (le seul écrivain dont la plupart connaissent le nom), que l'idolâtrie de la jeunesse est le culte de ce qui n'existe pas, l'avenir – mais même si je suis tenté de faire mienne cette assertion, je ne suis pas sûr qu'il ne s'agisse pas d'un sophisme. Ils n'en reviennent décidément pas, de mon âge. Je suis aussi étrange à leurs yeux que si j'étais une tortue habillée, leur étonnement est tel qu'il m'arrive de me demander si je n'ai pas en effet une carapace sur le dos et un chapeau de clown sur ma tête de reptile. Tout ça très gentiment.

Dans tous les endroits d'un monde peuplé désormais, sous toutes les latitudes, de gens qui pianotent sur leur smartphone, prendre des notes sur un carnet est une activité qui attire l'attention. Mais spécialement dans des lieux comme Umhlanga. Un soir où je me livre à cette activité, assis sur un banc non loin du *Whalebone Pier*, regardant la lumière descendre sur la plage et dorer les brisants devant lesquels se fait photographier une mariée empaquetée dans une robe dont les extraordinaires volants et froufrous la font ressembler à une énorme méduse (le marié est curieusement absent, comme si elle l'avait déjà capturé dans ses filaments, paralysé et digéré), un soir donc où je prends des notes, un jeune Noir torse nu s'assied près de moi et me demande ce que j'écris : *a poem? a novel?* Il m'a vu en passant, me dit-il, n'a pas osé s'arrêter pour me parler, puis tout compte fait il a pris son courage à deux mains et est revenu. Djangasi – c'est son nom, si je comprends bien – aimerait par-dessus tout écrire, et je l'encourage à se livrer à cette activité désuète. Il a un visage remarquablement ouvert et intelligent. En voilà un qui ne me prend pas pour un cave. Une brume d'embruns voile la skyline de Durban, au sud, de gros oiseaux qu'une recherche ultérieure m'apprendra être des ibis hagedash arpentent la plage en poussant des cris affreux (*haa-haa-haa-de-dah*, selon la même recherche), le commandant et le midship Anténor passent à petites foulées, accomplissant leurs dix kilomètres quotidiens, ils me font un léger signe de la main. Amical, quand même. Le midship Anténor est un drôle de type, fils d'une famille catholique de neuf enfants, plutôt antivax, pense qu'on doit arriver vierge au mariage. Doux, naïf, et qu'on sent néanmoins capable de violence. Lors d'une discussion sur l'éthique militaire, il prétend que la torture est légitime : stupeur de mon côté, et du côté aussi de l'enseigne de vaisseau

Floche, l'Auvergnat, qui participe à cet échange. C'est qu'il croit, Anténor, que la torture consiste à « secouer un peu un prisonnier, pour obtenir des renseignements ». On le détrompe – pense-t-il que Jean Moulin, pour ne pas parler de Maurice Audin, sont morts d'avoir été un peu secoués ? Il tombe des nues. Il est très ignorant du monde et de l'Histoire, surtout.

•

Peter, le patron de la *guest house*, est anglais, grand, costaud, né en 1945 – enfin un type plus vieux que moi, et qui a l'air *still going strong*, comme Johnnie Walker. Il est arrivé ici lorsqu'il avait vingt et un ans, il avait quitté l'Angleterre pour faire un tour du monde, et puis l'Afrique du Sud, sa première étape, l'a émerveillé, et il y est resté : « C'était l'été, tout était beau, les routes, les buildings, les plages… si différent de la triste Angleterre. » L'apartheid, apparemment, ne le gênait pas. Comme il est peu probable qu'on s'entende sur les affaires humaines, on parle d'animaux, de requins notamment. Il m'explique comment sont faits les filets de protection (tout le long du rivage, des panneaux du *Sharks Board* avertissent qu'en dépit de ces filets, on se baigne à ses risques et périls, et qu'il faut en tout cas éviter de le faire à l'aube, au crépuscule ou la nuit). Pete a un ami qui vient de mourir et qui était si fan de surf qu'il a continué à en faire à genoux sur sa planche après s'être fait bouloter une demi-jambe. Le départ approche enfin, Pete et Cilla, sa femme, me souhaitent bon voyage. *Hope to see you again* – il y a peu de chance. Dernier dîner solitaire au restau mozambicain + 258 (c'est l'indicatif téléphonique du pays), le serveur ce soir-là est du Zimbabwe, il aimerait bien y revenir, mais… il a l'idée étrange d'aller donner des leçons d'anglais au Cambodge (pourquoi au Cambodge ? Parce que peu de gens parlent anglais, là-bas), sinon il pense tenter sa chance en Europe. Le chauffeur du minibus qui me ramène au port me raconte qu'il trimballe souvent des équipages de la marine marchande de l'aéroport à leur bateau, ou l'inverse, surtout des Philippins et des Indiens, mais aussi des Croates, des Russes, des Roumains. À travers lui et le serveur du + 258, j'ai un minuscule aperçu des énormes mouvements des peuples à la recherche d'une vie meilleure. Si les marins ont trop bu (la première chose qu'ils font en débarquant), selon le chauffeur, on leur fait avaler un plein pot de café. S'ils sont encore trop bourrés, ce sera à eux de payer leur vol. Pensant peut-être (à tort) me faire plaisir, il me dit regretter le temps des *white men*, où tout marchait bien, selon lui. *Now too much corruption* (ça, c'est sûrement vrai). Au risque de renforcer ses idées douteuses sur l'excellence des Blancs, je lui laisse mes cinquante derniers *zars*, dont je n'aurai heureusement plus l'usage.

À bord, le reste de l'équipage profitant jusqu'au bout de sa dernière nuit à terre, je ne trouve que le capitaine d'armes qui, positif au Covid, s'est morfondu pendant huit jours sur le bateau, mais a pris la chose avec stoïcisme. Il a choisi la Marine pour voyager, me dit-il. Il m'interroge sur le Transsibérien, me parle avec admiration de « Monsieur Deniau », dont il a vu la maison à Djibouti, de Kessel dont il a aimé *Les Cavaliers* (je lui recommande *L'Équipage* et *Les Temps sauvages*). Pas le genre d'écrivain à petites lunettes derrière son bureau, selon lui (espèce dans laquelle il ne me range pas non plus, m'assure-t-il – je respire). Depuis la passerelle plongée dans l'obscurité, j'observe l'appareillage d'un grand porte-conteneurs en partance pour Singapour, le *Seamax Stamford*, puis la mise à quai d'un autre, le *Northern Jupiter*, en provenance de Coega, un port sud-africain : muraille sombre glissant avec une infinie lenteur, lumières violentes sur le pont et sur les remorqueurs lilliputiens attachés au géant, halètement énorme des machines. Quelque chose de fascinant dans le rapport de la masse, de la puissance, et de la lenteur. *An so to bed*, comme dit Samuel Pepys dans son *Journal*. Demain, on sera en mer, en route pour Europa.

(J'avais quitté depuis longtemps Durban quand il me revint à l'esprit que le jeune Fernando Pessoa y avait vécu, entre 1896 et 1905, sa mère devenue veuve s'étant remariée avec le consul portugais dans cette ville. C'est là qu'il découvrit Dickens, Shakespeare, Milton et Poe, et la langue anglaise, qui sera la sienne presque autant que sa langue natale. C'est dans un studio de Durban que furent prises des photos où on lui voit une tête d'enfant triste, aux cheveux ras. Si je m'en étais souvenu lors de cette interminable escale, j'aurais essayé de retrouver les lieux des maisons successives de la famille, sur les rues qui s'appellent aujourd'hui Peter Mokaba Ridge (pas si loin des Botanic Gardens) et Dr Pixley KaSeme Street, ou encore le collège Saint Joseph, tenu par des religieuses irlandaises, dont il fut un élève brillant et solitaire – j'aime assez, même lorsque je n'ai pas du temps à tuer, accomplir ces petits rituels de dévotion littéraire qui, sans rien apprendre, en général, sur une œuvre, y attachent à la façon d'une carte postale qu'on aurait reçue de son auteur. Mais, tandis que je traînais mes savates le long des rues torrides de Durban, j'avais oublié tout ça.)

•

Après une manœuvre parfaite pour décoller du quai et pivoter dans le bassin, on franchit les passes à dix heures du matin, sous un ciel nébuleux, par vent de sud-sud-ouest 10 nœuds. Le cipal Koffi me donne à corriger l'exposé de ses états de service rédigé en vue d'obtenir le Mérite maritime. Lourde responsabilité, mais je vais enfin servir à quelque chose sur ce bateau, et je suis sensible à la confiance qu'il me fait. Il a contribué à la pose de barrages anti-pollution après l'échouage d'un vraquier japonais à l'île Maurice, à diverses missions humanitaires après tsunamis ou cyclones, à l'interception de pêcheurs illégaux ou de kwassa-kwassas entre Anjouan et Mayotte, à la recherche au large de Cherbourg de l'épave du *Bonhomme Richard*, le bateau du fameux John Paul Jones, Écossais à demi pirate et néanmoins fondateur de la marine des États-Unis, qui curieusement vint mourir à Paris, rue de Tournon, en 1792. À mon grand soulagement, la copie de Koffi est presque parfaite. Je fais quelques petites corrections, et lui mets mentalement la note de 18/20. J'aime bien le maître principal Koffi, c'est un de ceux avec qui les rapports sont simples. J'espère qu'il l'a eu, son Mérite maritime. Moi, je le lui donne.

La nuit, grande traînée de la Voie lactée, Sirius et Orion au-dessus de la hune radar, éclaboussures blanches du sillage, lumières rouges dans les coursives. Sur ma couchette, je lis la *Vie de Rancé*. Ce fondateur de la Trappe m'a accompagné dans plusieurs voyages sans que j'aille jamais jusqu'à sa mort, j'avais commencé à lire son histoire il y a très longtemps à Moscou où j'ai oublié le livre en cours de lecture, cette fois je vais lui régler son compte. Le récit des saintetés de l'abbé, je l'avoue, me retient moins que l'histoire de la tête coupée de la duchesse de Montbazon, son grand amour, qu'il aurait emportée avec lui dans sa cellule monacale, ou encore le cruel portrait que Chateaubriand fait du cardinal de Retz, ce « vieil acrobate mitré » qui « finit ses jours en silence, vieux réveil-matin détraqué ». Comme c'est beau !

Le matin du second jour de mer, on me confie le soin de faire la « diffusion », l'espèce de petit journal parlé qui suit le branle-bas. « Bon réveil à tous ! On est le 26 janvier, il est 7 h 52, nous avons un vent d'est de 15 nœuds, ciel couvert avec un léger crachin, mer agitée. On est entrés dans la ZEE (zone économique exclusive) du Mozambique, à quatre-vingt-seize nautiques de la côte, avec une avance d'une heure quarante sur le Pim (point d'intention mouvement). Les activités du jour : appel en passerelle à 8 h 30, Securex à 8 h 45. Cet après-midi : Navcomex en passerelle à 15 heures. Bonne fête à toutes les Paule » (souhaiter la fête du jour est un rituel, même si évidemment il ne se trouve aucune Paule, que l'on sache, à bord). Ensuite, l'usage est de raconter une petite histoire en rapport avec la date, et comme j'ai repéré je ne sais plus où que c'est le cent trente-sixième anniversaire de la prise de Khartoum par les Mahdistes, je leur résume cette affaire que je connais assez bien puisqu'elle joue un certain rôle dans un de mes livres, *Méroé* (un des seuls vrais romans que j'aie écrits). Après tout, on n'est pas si loin du Soudan – c'est droit devant et à gauche à la corne de l'Afrique, par la mer Rouge, en laissant à droite l'île de Socotra.

•

À midi, je déjeune à la cafète de l'équipage. La hiérarchie n'est pas pesante à bord, ne serait-ce que parce que tout le monde est jeune, et vêtu de la même combinaison dite TPB, bleu sombre siglée « Marine nationale », néanmoins les officiers ou assimilés (moi) prenons nos repas au carré, le reste de l'équipage, simples matelots et maistrance (les sous-officiers), à la cafétéria. Les repas sont les mêmes pour tous, préparés, plutôt bien d'ailleurs, par le rustique Kevin et son aide, on se sert au self devant la cuisine. Il y a encore quelques membres de l'équipage que je connais peu, le chef des machines, par exemple, le premier maître Beauchêne. Il ne me semble pas porter ceux de la passerelle dans son cœur – l'opposition entre la machine et la passerelle, ceux d'en bas et ceux d'en haut, est un classique de la vie maritime, même si cela fait un siècle qu'on ne chauffe plus au charbon et si les moteurs sont maintenant surveillés de loin sur des écrans. Néanmoins, ce n'est pas pareil d'être confronté à la mer et au ciel ou de travailler à l'intérieur du bateau, dans la chaleur et le bruit. Mes voisins de table, ce jour-là, sont le capitaine d'armes et le bosco, ils sont curieux de savoir – plus que les officiers, apparemment – comment et pourquoi on fait un livre. Le bosco trouve qu'il y a beaucoup d'informations géopolitiques dans *SAS*, c'est peut-être vrai, même le *New York Times* l'a écrit. Le capitaine d'armes m'offre une petite carte plastifiée d'Europa, et me prête son ordinateur pour que je puisse y trouver quelques renseignements sur Juan de Nova, une autre « Éparse ». Brave type, ce barbu rouquin. Fils de Pieds-Noirs. Il semble vivre légèrement en marge de l'équipage – il appartient au corps des fusilliers marins, porte toujours un treillis et non la TPB – et cette singularité, bien qu'infiniment moindre que la mienne, nous rapproche peut-être un peu.

Marrant : en passerelle, à 15 h 30, le lieutenant Floche me demande de quitter les lieux, parce qu'il va y avoir un topo sur « les systèmes de communication classifiés » (c'est je suppose le Navcomex que j'ai annoncé ce matin). Il s'en excuse, ce n'est pas lui, dit-il, et c'est incontestable, qui fait les règlements. Voilà donc des renseignements que je ne pourrai pas vendre aux Chinois. Je descends dans ma cabine lire *Le Coup de grâce,* roman de Kessel emprunté à la très maigre bibliothèque du bord (et qui porte le même titre qu'un livre de Marguerite Yourcenar). Exécrable. Un homme, un vrai, un légionnaire, forcément, qui tue, casse les gueules, brise les femmes – pas les femmes, les « femelles »... Réconciliation des deux mâles sur le cadavre de la fille... On a beau ne pas aimer le nouveau conformisme moral qui prétend s'imposer à la littérature, on ne peut qu'être dégoûté (ou apitoyé) par tous ces poncifs de l'amitié virile. Désolé pour Kessel. Il ne fait jamais dans la dentelle, mais là...

•

À six heures et demie du soir, le soleil disparaît derrière une barre de nuages mauves écrasant l'horizon au-dessus d'une mer violette. Vent de 35 nœuds d'est, 45 nœuds apparents, grosse houle, le bateau tape, retombe parfois violemment dans une vague, la plume jaillit très haut, les tôles vibrent. À huit heures du soir, à la passerelle : obscurité, écrans faiblement luminescents, quelques lumières rouges. Devant, le noir qu'illumine de temps en temps une explosion d'écume blanche. La nuit, dans ma bannette, c'est comme si j'essayais de dormir enfermé dans une grosse caisse, un chaudron martelé. Parfois le bateau semble s'élancer et retombe dans un retentissement de toutes les tôles. Le fauteuil, la chaise, tout se balade. J'aime assez ça : la mer, que je connais un peu, m'a souvent angoissé, mais là je me sens parfaitement protégé, et qui plus est sans aucune responsabilité, c'est bien reposant.

L'aube point à partir de cinq heures du matin, le ciel jaunit, puis verdit. Sur l'aileron, le vent est tiède, il a molli depuis cette nuit, la mer s'est considérablement calmée. Les nuages dessinent sur l'horizon une bande gris plomb où de l'orangé diffuse. À 5 h 53, on entre dans la ZEE française créée par Europa (les zones économiques exclusives autour des Éparses, couvrant plus de la moitié du canal du Mozambique, expliquent qu'on y entretienne les petites garnisons que nous allons ravitailler). Pour saluer ça, sans doute, le sommet du disque solaire paraît, point incandescent, du côté de Madagascar invisible. La mer : infinité de frisures sombres dans le mauve. Le bateau se déhanche toujours un peu, mais rien à voir avec la danse violente de cette nuit.

Au réveil (parce que j'ai fini par dormir, quand même) j'apprends qu'il s'est passé un incident grave pendant la nuit : à cause d'une vanne laissée ouverte par erreur, un geyser d'eau mazouteuse a jailli dans la salle des machines, noyant une armoire électrique qui commande la grue, le guindeau et le propulseur d'étrave. Sans grue, impossible de mettre à l'eau le petit chaland de débarquement, dit EMBSV, « embarcation de servitude », impossible donc de débarquer les palettes d'eau et de conserves, les fûts de fioul, enfin tout le ravitaillement des îles. Sans guindeau, impossible de mouiller et de relever l'ancre… Autant dire que c'est toute la mission qui est compromise. Conciliabules perplexes à la passerelle, le commandant garde son calme. Beauchêne, le chef machines, aussi. Tout le monde, d'ailleurs. Les électriciens s'affairent. Heureusement, grue et guindeau peuvent être actionnés par un autre circuit, en laissant les machines tourner en permanence. Le propulseur d'étrave ne sert qu'à faciliter les manœuvres portuaires. C'est le sympathique maître Moustafa qui serait le principal responsable de la connerie, le pauvre tire une tête d'enfant pris en faute.

À 13 h 15, alors qu'on est encore à une cinquantaine de milles d'Europa, premier oiseau, dont je ne parviens pas à distinguer l'espèce. Je lis une notice sur les plages de l'île qui n'incite guère à la baignade : « Les fonds dépassent cent mètres en quelques brasses vers le large. Le risque de rencontrer des requins (tigres et bulldogs) est grand. Des madrépores acérés sont également présents par endroits. » À dix-sept heures, environnés de fous à tête azurée, on est à six nautiques de l'île, qui fait une ligne éblouissante à l'horizon. À 18 h 30, on a contourné l'île par l'ouest, le soleil se couche, l'ancre descend en grondant en bordure du platier, à une centaine de mètres des brisants. Position : 22° 20.039' sud, 40° 20.801 est. Au carré, lors du dîner, le commandant est soucieux, il se demande comment faire son rapport sur l'avarie survenue la nuit précédente sans compromettre la carrière de Moustafa, qui n'est pas, dit-il, le seul responsable : ce scrupule me le rend extrêmement sympathique. Il a décidément plus d'épaisseur que les autres, qui commentent (lui aussi) leurs sorties en boîte à Durban et la façon dont Elsa, le second, s'est fait draguer, puis s'excitent sur un jeu électronique (une course de karts). « Elle est belle, l'armée française », commente ironiquement le midship Anténor. Ils me trouvent bien vieux et moi, je les trouve bien jeunes (et tout ça est vrai).

•

Europa, vue du ciel, affecte la forme (dont ma carte maladroitement dessinée ne rend pas pleinement compte) d'un fœtus enroulé autour d'un lagon. Elle fut baptisée ainsi du nom d'un navire britannique qui le premier, en 1774, la positionna correctement sur la carte. Distante d'environ trois cents kilomètres de la côte de Madagascar à la hauteur de Tuléar (Toliara dans la dénomination actuelle), et de cinq cents de celle du Mozambique vers Beira, elle mesure six kilomètres du nord au sud et sept d'est en ouest. Son point culminant ne doit pas dépasser une dizaine de mètres d'altitude. Elle est couverte de palétuviers, d'euphorbes arborescentes et d'une steppe salée, ses plages sont un des plus importants sites mondiaux de reproduction des tortues vertes. Elle est, selon Wikipédia, « inhospitalière pour les hommes, dépourvue d'eau douce, habitée par des nuées de moustiques et cernée par des bancs de requins ». Si cette description vous tente, vous ne pourrez cependant y aborder sans une autorisation spéciale des Taaf, Terres australes et antarctiques françaises. (Sinon, essayez l'île du Diable.)

•

À 6 h 30, en passerelle, j'ai une conversation avec le maître Astaki. Il a quatre enfants, de huit, six, trois ans et le dernier de quelques mois. Lui a trente-cinq ans, un ancêtre par rapport à la moyenne de l'équipage, il prendra sa retraite à quarante (en voilà un que l'âge de la retraite à soixante-quatre ans doit laisser de marbre). Il possède une maison à Mayotte, et va en acheter d'autres pour

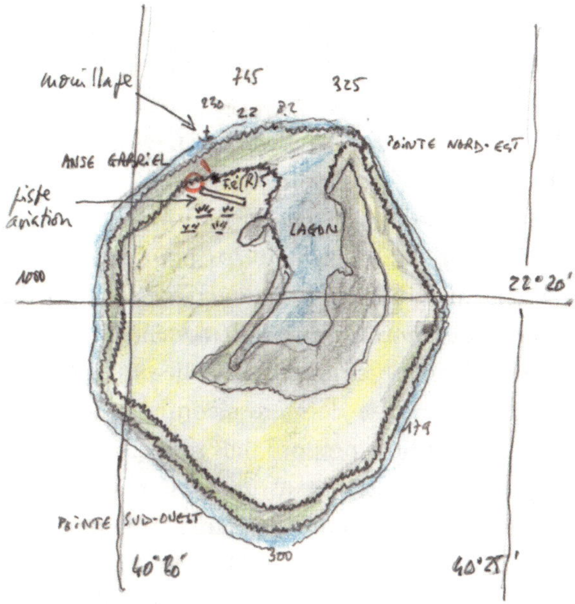

Île Europa
carte SHOM 6643
Îles et récifs du Canal du Mozambique

ses enfants. Il a déjà été affecté à Brest, Lorient, Toulon, retournera à Toulon après La Réunion, garde de bons souvenirs de tous ces endroits – c'est manifestement une nature généreuse (avant l'appel, je remarque qu'il donne au maître Moustafa une tape d'encouragement sur l'épaule). Il me demande si, comme écrivain, je suis payé par l'État… Le soleil monte sur l'île, il fait déjà 25°, plus chaud encore dans l'eau : 28° ! Me mêlant peut-être de ce qui ne me regarde pas, je dis au commandant que son scrupule vis-à-vis de Moustafa m'a touché – chacun son tempérament, me répond-il, je sais ce qu'une fiche, dans la Marine, peut lui coûter, et je n'en ai pas envie. À 8 h 30, on a un « briefing déchargement » en salle de rétention. « Je suis en colère, même si ça ne se voit pas », commence sobrement le commandant. Le Comops (Ops pour faire court), le bosco, l'infirmière nous mettent en garde contre les coups de chaleur, les moustiques qui attaquent au crépuscule, les blessures, les charges excessives (« ne pas se croire plus fort qu'on est ») : cette dernière recommandation ne me concerne pas, j'ai bien proposé mes services mais on les a refusés, pour des questions d'assurances, me dit-on, et c'est plausible en effet (pourtant, je ne me crois pas plus fort que je ne suis). À 9 h 30, le 40 cv (le petit semi-rigide) part en éclaireur pour sonder et baliser le chenal permettant de franchir le platier de corail. La grue met à l'eau l'èmebéessevé, le chaland de débarquement, qu'on commence à charger, manœuvrant au sifflet – il y a quarante-huit tonnes à débarquer, en plusieurs rotations évidemment : non seulement des vivres, mais des madriers, des sacs de ciment, des seaux de peinture… Au retour, il rapportera les déchets du camp militaire – fûts d'eaux noires, graisses, *big bags* emplis de centaines de cannettes… (l'île est un territoire ultra-protégé, il n'est pas question de la saloper).

•

Avant d'embarquer dans le 40 cv, prévoyant qu'il faudrait sauter à l'eau à l'arrivée, j'ai enfilé un vieux maillot de bain informe qui dans la position où je suis, couché et coincé entre des packs d'eau minérale, me laisse les couilles à moitié à l'air (je me fais l'effet d'être le Gros Dégueulasse de Reiser). Or, c'est le (la) matelot Céline Borges, en petit tricot Marine nationale et coiffée d'un casque de chantier, qui est à la commande des gaz. Gêne (de mon côté). Je me contorsionne pour essayer d'offrir une apparence décente. Vieux, d'accord, mais vieil exhibitionniste, il ne faut pas charrier. Sur l'île, le lieutenant commandant le détachement, grand beau mec costaud, cuivré comme un Indien, en short et tricot de corps de camouflage, me fait visiter le camp Robinson : réservoirs d'eau, osmoseurs, chiottes sèches, local radio, abri anticyclones, piste d'aviation… il ne m'épargne rien, même pas le terrain de pétanque. Ils sont une quinzaine sous ses ordres, tous musclés bronzés luisants de sueur qui feraient d'assez belles pubs pour Jean Paul Gaultier. Ils restent là un mois et demi avant d'être relevés. Est-ce humour de l'état-major ? Ce sont des chasseurs alpins de Chambéry, exilés sur cette île torride et plate comme la main. Europa les change de leur environnement habituel, ils ne s'en plaignent pas au contraire, mais il y a quand même deux fléaux, d'après le lieutenant : les moustiques et les rats, issus probablement de très anciens naufrages, qui le soir assaillent le campement.

•

Marche le long du rivage, jusqu'à l'entrée du lagon. Je foule un sol craquant, croustillant, éblouissant, fait de corail et de coquillages broyés : grains, éclats, rosaces, étoiles, nids d'abeille, éventails délicats, feuilletés couleur d'os, volutes, feuilles d'acanthe, géométries minuscules.

À main droite, des arbustes épineux à toit plat, où nichent des corbeaux-pies, à gauche l'eau azurée au-dessus du platier. Il fait une telle chaleur que je m'y jette (je regarde une photo que j'ai prise : j'ai l'air, les traits tirés sous mon chapeau de toile, d'achever une traversée du Rub al-Khali…). Aussitôt un petit squale vient aux nouvelles, trop gringalet pour m'inquiéter, et d'ailleurs d'une espèce (« pointes noires ») qui, selon Wikipédia, a « dans la plupart des cas un comportement timide » (même si, selon la même source, il peut confondre votre pied avec un poisson ou « être pris de frénésie » en bande). Timide, celui-ci l'est car il s'enfuit. Néanmoins, sa visite ne m'encourage pas à nager trop loin, je ressors assez vite, croisant une carangue. Une tortue nage sous l'eau transparente comme du verre. Cris aigres des oiseaux. Un paille-en-queue me survole, visiblement inquiet. La poudre de corail est sillonnée de milliers de traces légères qui y dessinent, pointillées, entrecroisées, emmêlées, comme des chaînettes : ce sont les cheminements des bernard-l'hermite terrestres, gros comme le poing, qui pullulent tant qu'on a l'impression que la plage tremble et frissonne. Quand j'approche, ils s'enfoncent dans le sol brûlant (il y a de drôles de vies), plaquant une pince disproportionnée sous leurs yeux en clous de girofle, comme s'ils venaient de dire une grosse connerie. Il y a des crabes extraordinaires, aussi, certains vert amande aigrettés d'orange, d'autres, très combattifs, couleur de vieux cuir avec des yeux noirs plumeteux. Les tortues ont laissé sur la plage des sillages d'engins blindés. Il faudrait être vraiment insensible à la nature (ce qui n'est pas mon cas) pour ne pas être ébloui par la multiplicité, la beauté insolite de toutes ces formes vivantes, ni souhaiter passionnément leur survie.

Île Europa, 29.1.2022

•

De retour de ma promenade, je ressens une vague honte – honte, le mot est trop fort, mais enfin : une gêne – à voir les troufions et les marins occupés au déchargement du chaland. Les packs de bière volent de bras musculeux en bras musculeux, des chasseurs alpins poussent tels des forçats des brouettes chargées dans le sable (je pense au chapitre des *Récits de la Kolyma* sur la brouette; peu de chances qu'ils l'aient lu). Il n'y a que moi qui ne fasse rien, comme d'habitude. Enfin, pas tout à fait que moi : l'agent des Taaf, un jeune ornithologue barbu qui est apparemment le seul sur l'île à n'être pas une baraque, ne participe pas à la chaîne. Je cause un peu oiseaux avec lui, sur le pas de la porte, peinte en tricolore, de la cagna du gendarme (dans laquelle trône, pendu au mur, le portrait officiel de Macron, et il y a évidemment quelque chose d'étrange, de divertissant, à tomber sur le portrait du président de la République sur un îlot au milieu du canal du Mozambique). Il espère (l'ornithologue) être muté aux Kerguélen. Luc, Jim, Omar et Freddy, eux, sont volontaires du RSMA, régiment du service militaire adapté de La Réunion. Ils sont depuis vingt-trois jours sur l'île, où ils doivent réhabiliter une construction. Ils sont tous les quatre ce qu'il est convenu d'appeler des « jeunes en difficulté ». Pas vraiment habitués à l'effort, plus ou moins en voie de loubardisation, je ne connais pas le détail. Pourtant ils sont contents d'être là, me disent-ils, contents aussi de leur sergent, un costaud à la tête peu avenante, en tricot de camouflage « Gao » découvrant des biceps du même calibre que ceux de tous les autres, on ne va pas se répéter. À première vue, pas le genre à apprécier les tire-au-flanc, le sergent. Ils apprennent la discipline, et aussi à bosser, me disent les quatre. La journée du débarquement a été dure, ils ont admiré l'endurance des soldats, eux ils avaient parfois envie de tirer au flanc, mais le sergent… Il est possible qu'ils me répètent ce qu'on leur a fourré dans la tête, mais je préfère croire qu'ils le pensent vraiment, pourquoi ne pas être optimiste de temps en temps ? Omar trouve que La Réunion c'est bien parce que toutes les religions y cohabitent à peu près pacifiquement, églises, mosquées, temples hindouistes... Là encore, c'est peut-être un discours appris, mais même si c'est le cas, mieux vaut apprendre celui-là qu'un autre, non ? Ils m'interrogent sur ce que c'est qu'être écrivain. On vit, eux et moi, dans des mondes infiniment lointains, pourtant je me sens tellement plus de sympathie pour eux que pour tant de gens proches socialement de moi... Ils me semblent dépourvus de cynisme et aussi, apparemment, de méchanceté. Je me dis encore – pensée hérétique, mais tant pis – que ce rugueux sergent est sans doute, parce que plus proche d'eux, plus à même qu'un sociologue de les tirer d'affaire. J'espère vraiment ne pas me tromper.

•

On appareille à neuf heures du soir. Sur la plage avant violemment éclairée, le guindeau tourne, les maillons s'enclenchent les uns après les autres dans le barbotin, lentement, avec un bruit de ferraille. À plat ventre, tête passée au-dehors par un sabord, Astaki surveille la remontée de la chaîne jusqu'à ce que l'ancre soit en haut. Serrer le frein, baisser le stoppeur. L'opération prend huit minutes. Attirées par la lumière des projecteurs, des dizaines de carangues nagent autour de l'étrave, chassées par des requins-marteaux. Remous, éclaboussures violentes dans l'ombre.

•

Le lendemain, à six heures du matin, on est devant l'atoll de Bassas da India. Une ligne d'écume frange une immense arène dont les bords se perdent à l'horizon, enserrant un miroir où chatoient toutes les couleurs du jaune à l'outremer en passant par des verts lumineux, des bleus turquoise (mais tous les verts et tous les bleus y passent, les émeraude, les céladon, les jade, les aigue-marine, les cobalt, les saphir, bien d'autres nuances qui n'ont pas de nom dans notre langue...). Le 40 cv parti en éclaireur égrène des sondes : quarante mètres, vingt, dix-huit, cinq... On mouille par trente mètres de fond. La marée en baissant découvre l'anneau de corail, l'Edo nous y mène (un des deux grands semi-rigides, faut-il le rappeler), mais il faut sauter à l'eau à une cinquantaine de mètres et terminer à la nage. Les vaches, ils ne m'ont pas prévenu, je ne suis pas muni comme eux de lunettes de plongée, heureusement j'ai l'habitude de crawler avec les yeux ouverts sous l'eau, et ici elle est transparente comme du cristal, j'y vois à peu près. Ce n'est pas très commode de nager en tennis, chemise et casquette, dont la foutue visière n'arrête pas de se rabattre en m'aveuglant, mais j'y arrive quand même. Surtout, j'ai peur de perdre les lunettes de soleil, attachées à mon cou, que m'a prêtées le premier maître Delbos – les miennes, je les ai oubliées quelque part sur la plage d'Europa, où étant donné la très rare fréquentation humaine de ce rivage elles doivent toujours se trouver, scintillement noir insolite dans le blanc éblouissant ; peut-être un bernard-l'hermite s'en est-il emparé pour frimer auprès de ses congénères ? On prend pied sur un plateau tarabiscoté, vermiculé, hérissé de petites « patates » de corail, creusé de canaux où de vifs éclats de couleur fuient devant vous et de bassins tapissés d'un vivant velours orange, violet, rouge, dans lesquels faire la planche, sur une eau si limpide qu'on pourrait se croire suspendu dans le ciel, procure une sorte de bonheur élémentaire. Il faut cependant être attentif à l'endroit où on met les pieds, une murène noire, grosse comme un biceps de sergent, sort de son trou à mon approche. J'ai une grande crainte de ce poisson à gueule de rasoir, d'ailleurs hideux, depuis qu'enfant, à Dakar, je me suis fait lacérer la main par l'un d'eux. Il n'est pas d'animal, si exécrable soit-il, mygale, murène, scorpion, dont on ne trouve des défenseurs et même des amis : rentré à bord, Jacob me raconte qu'il a un copain en Nouvelle-Calédonie, un plongeur, qui s'est pris d'affection pour une murène de deux mètres de long, laquelle a l'habitude de venir se lover autour de son cou. L'ennemi de la murène, d'après Jacob, c'est le tricot rayé, un serpent marin dont le venin est le plus puissant du monde, et que sa femme, m'assure-t-il, caresse cependant volontiers. Très peu pour moi, tout ça. De grands poissons indigo, nonchalants, jouent dans le ressac, au bord du platier, laissant paraître à la surface comme des ailes de morphos. Toute cette fantasmagorie disparaîtra dans quelques heures, effacée avant de renaître au rythme de la marée, une création du monde sans cesse recommencée.

•

Bassas da India, lorsque l'atoll affleure à peine, était un danger absolument redoutable pour les navires d'autrefois, dont nombre y ont trouvé leur fin. Des épaves presque entièrement détruites hérissent le corail. Parmi les livres que j'ai emportés à bord, il y a *Le Monde des Martin*, de mon ami Jean-Pierre Martin. Et je m'aperçois, le lisant, qu'entre autres détenteurs de ce patronyme si commun dont, avec une érudition qui n'empêche pas la drôlerie, il raconte et exalte les vies, depuis Martinus qui fut évêque de Tours et donna la moitié de son manteau à un pauvre (pas tout le manteau, quand même), jusqu'à Trayvon Martin, un jeune Afro-Américain qu'un certain George Zimmerman, qui fut acquitté, tua d'un coup de revolver le 26 février 2012 à Sanford, Floride, il y a un Pedro Martins, jésuite portugais qui naquit en 1541 à Coimbra et mourut en 1598 dans les mers de l'Inde, atteint du scorbut. Or ce saint homme, que la passion de convertir les idolâtres avait déterminé à s'embarquer à Lisbonne sur le galion *Santiago* à destination de Goa, fit naufrage sur les *Baixos da Judia*, les Basses de la Juive, nom dont on désignait à l'époque Bassas da India – c'était le 19 août 1585 exactement, un peu moins de quatre cent trente-six ans avant que je ne lise sa vie sur les lieux mêmes où il faillit la perdre. (Cet aventureux jésuite, embarqué sur un radeau, échoua ensuite sur la côte du Mozambique où il aurait pu être fait esclave comme quelques-uns de ses compagnons, mais il eut la chance d'être bien traité par un cheik local, puis récupéré par un navire portugais, etc. Il devint par la suite « évêque du Japon », échappant de justesse à la crucifixion que les sujets du daimyo réservaient à ses coreligionnaires, et mourut comme on a dit. Une vie bien remplie.) Il m'est souvent arrivé de lire un livre sur les lieux qu'il évoque ou qui l'ont vu naître (Borges ou Sábato à Buenos Aires, Kafka à Prague, Nabokov, Akhmatova à Petersbourg, Svevo à Trieste, Durrell à Alexandrie, etc.), mais c'était à dessein, il s'agissait pour moi de (croire) mieux comprendre l'écrit à travers l'expérience des lieux, de mieux connaître les lieux par les pages qu'ils avaient suscitées. Tandis que là, le pur hasard me fait rencontrer, par l'entremise d'un livre, une vie très ancienne, très éloignée de ce à quoi nous sommes accoutumés (l'aspiration à la sainteté), en un lieu presque imaginaire, apparaissant et disparaissant selon la respiration de la mer, et absolument éloigné de toute littérature – même, de toute écriture. Beaucoup de choses certainement – beaucoup que j'ignore – font qu'il est bon de vivre, et celle-là, pour minuscule qu'elle soit, en est une.

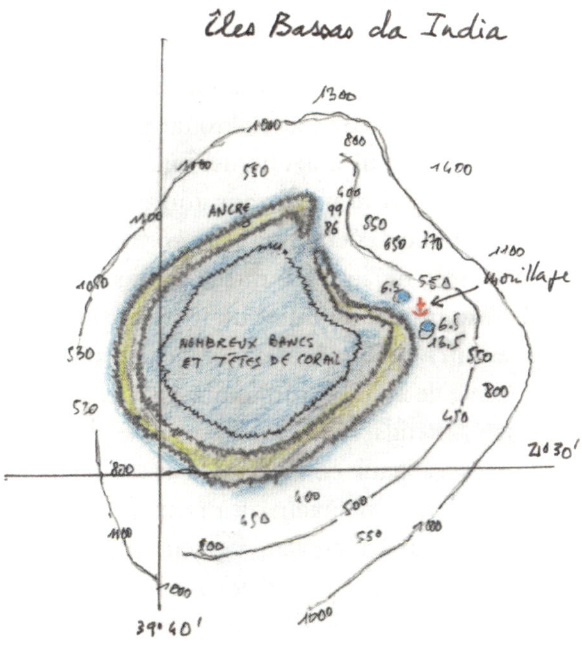

•

Bassas da India, déserte, n'était qu'une escale pour le plaisir, pour le *fun*, comme on dit à bord. On a des choses sérieuses à faire, et la prochaine c'est le ravitaillement de Juan de Nova, une autre Éparse, plus au nord, un peu en dessous de Majunga sur la côte malgache. « Pour rappel : le personnel récupère ses affaires qui sèchent sur les extérieurs avant appareillage » : chacun ramasse ses frusques étalées au soleil sur les rembardes. Rituel de l'appareillage, vérifications entre la passerelle et les machines (« Comment est la barre ? — La barre est à zéro. — Cohérent »), avant trente, arrière trente, le bateau tourne sur place. Un apéritif est organisé sur le pont, devant la passerelle. On y porte table, nappe, chaises et un fauteuil rouge pour le commandant. Coucher de soleil magnifique (on infléchit la route un moment pour l'avoir sur l'avant du travers), vent léger, tiède, tout le monde est de bonne humeur, même moi… C'est au moment où le soleil disparaît sous l'océan que se produit l'aspiration qui mène les explorateurs du *Mont Analogue*, le court roman inachevé de René Daumal que je relis alors, vers l'île invisible surplombée par une montagne gigantesque : j'attends, mais rien ne se passe. Il me semble pourtant que si ce lieu « non euclidien et symboliquement authentique » existe quelque part à la surface de la Terre, ce pourrait être par ici, crevant les grandes ondes indigo entre Bassas da India et Juan de Nova, aussi bien que dans le Pacifique sud où le situe Daumal. De tous les romans d'aventures maritimes imaginaires que j'ai lus, celui dont je garde le souvenir le plus ébloui est *Fragments d'un paradis*, de ce terrien de Giono (mais qui a quand même traduit *Moby Dick*). La raie monstrueuse, rayonnante de toutes les couleurs du spectre et de bien d'autres pour lesquelles n'existe aucun nom, répandant à son approche une odeur à la fois écœurante et attirante, entre le champ de narcisses et la charogne, le calmar géant environné de nuées d'oiseaux qui obscurcissent le ciel, l'ascension du volcan de Tristan da Cunha, autre mont Analogue au sommet duquel, la nuit, dans le silence qui semble « une farine de son moulu très menu », on entend grésiller les étoiles : tableaux inoubliables – que moi, en tout cas, je n'ai pas oubliés, parce qu'en eux se lisent l'attente, la crainte, l'émerveillement qu'enferme la contemplation d'une mer inconnue, au large. « Je suis parti, dit le capitaine de *L'Indien*, le bateau de l'expédition, me promener sur les lieux mêmes de ce qui a dû être dans le temps un prodigieux paradis, je veux que nous soyons les témoins qui pourraient certifier que nous avons encore droit au délire capable d'enrichir les vies les plus longues et de faire aimer les approches même de la mort. »

•

Le lendemain il fait une grande chaleur humide, les hommes d'équipage qui travaillent sur la plage arrière se ceignent la tête de turbans. Le matin, exercice d'évacuation. Quand la sirène retentit, il faut fourrer dans un sac étanche tout ce qui est indispensable (papiers, argent, vêtements chauds, eau…), prendre son gilet de sauvetage et se rendre sur la plage arrière. Je fais partie du radeau numéro trois, dont la cheffe est Elsa, le second. Je me pose brièvement des questions insolubles, du genre : est-ce que la clef d'un studio parisien fait partie de l'indispensable pour un type qui se retrouve à la dérive sur un radeau dans le canal du Mozambique ? À midi, pour une raison que j'ignore,

Kevin le cuisinier, qui officie derrière le comptoir de la cambuse, se prend de querelle avec le capitaine d'armes : « J'te prends quand tu veux, j'en ai maté plus d'un, des fusils » (des fusilliers marins). Ça ne va pas plus loin, le « fusil » laisse tomber, il a raison. Ce cuistot est le seul de l'équipage qui, avec sa brutalité affichée, me déplaise vraiment – mais je me garde de le laisser paraître : pas le genre de type qu'il faut regarder de travers. Si par extraordinaire, devant vraiment abandonner le navire, on se trouvait dans une situation comme celle que raconte Simon Leys dans *Les Naufragés du Batavia*, je le vois bien jouer le rôle de Jeronimus Cornelisz, qui devint le dictateur et le bourreau de ses compagnons d'infortune. À dix-huit heures, on est à douze nautiques de Juan de Nova, qu'on aperçoit légèrement sur tribord. C'est mon île préférée, me dit le cipal Koffi, qui a hâte d'y débarquer. En quelques minutes on passe de sondes à huit cents mètres à des fonds de cinquante-cinq mètres. À 19 h 45 on est mouillés devant une île basse crêtée de bouquets d'arbres, survolée par des nuées d'oiseaux – y aurait-il un calmar géant dans le coin ?

•

Le lendemain matin, branle-bas à 4 h 30, pour profiter de la marée haute qui permettra à la barge de débarquement (l'*èmebéessevé*) de franchir le récif de corail. Le jour se lève cependant que la grue la met à l'eau. Lorsqu'elle est « plagée », deux hommes la maintiennent perpendiculaire au rivage à l'aide de deux aussières, une tirant de chaque côté, la chaîne des marins et des soldats se met en place entre l'eau azurée et le sable éblouissant et le déchargement commence tandis que moi, le touriste, je vais explorer l'île

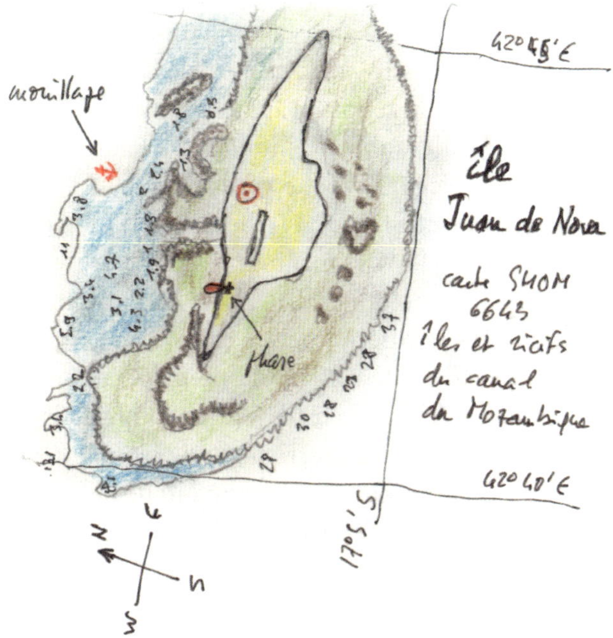

que découvrit en 1501 João da Nova, navigateur galicien au service du Portugal qui découvrit aussi, de l'autre côté de l'Afrique, Sainte-Hélène (ce qui lui vaut d'être cité, sous le nom francisé de Jean de Noya, dans les chapitres des *Mémoires d'outre-tombe* sur la dernière demeure de Napoléon). Contrairement à Europa, elle est assez boisée, couverte par endroits de taillis de filaos chevelus et de cocoteraies dans les palmes desquelles le vent fait un son de maracas. Des chemins de sable la sillonnent, que barrent les toiles d'araignées néphiles. Comme (ami de la vie animale, mais pas de tous les animaux sans exception) j'éprouve la même horreur pour les araignées que pour les murènes, je me déplace précédé d'une longue baguette, tâtonnant dans le vide à la façon d'un aveugle : lorsque elle touche un des fils de soie invisibles, la grande étoile noire que ma distraction m'aurait peut-être fait ignorer – là, pourtant, devant moi, immobile à hauteur de mon visage – se précipite et, me révélant ainsi sa présence, m'évite l'horreur de la retrouver accrochée à mon chapeau, ou pire encore, je n'ose imaginer… Ces créatures (car ce sont tout de même des créatures, de Dieu ou du diable) n'ont pas l'air très perspicaces : en ayant repéré une, je balance dans sa toile une boule de filao : et aussitôt le léger monstre démarre en flèche, mord furieusement la chose inerte et commence, tricotant de ses longues pattes, à l'emmailloter pour un futur festin qui ne manquera pas d'être décevant, j'en ris à l'avance. Comme il y a des amis des murènes, des tricots rayés et autres, il y a des amis des araignées : et pas bien loin, encore, puisque Elsa, le second, m'assurera le soir, au carré, que celles de Juan de Nova ne sont pas venimeuses (comment tuent-elles leurs proies, alors ?), et que, tombées au sol, elles sont incapables de bouger. D'où tient-elle ça ? J'aimerais bien la voir avec une de ces saloperies accrochée à son calot d'enseigne de vaisseau de première classe, à la place de l'ancre de marine…

Tout ce que je dis là, autant le préciser, est purement émotif, relevant sans doute même du fantasme : je sais que ces néphiles, et même les murènes et compagnie, jouent leur rôle dans l'immense symphonie du vivant dont je suis, dans la mesure modeste de mes moyens, un défenseur ; mais on a le droit de ne pas les apprécier pour autant, non ? Et cette symphonie, Juan de Nova est un lieu privilégié pour en admirer la puissance et la variété confondantes : comment ce minuscule bout de terre – même pas de terre, en vérité : à peine cinq kilomètres carrés émergés de corail et de sable – peut-il accueillir un tel foisonnement d'espèces différentes ? Ces arbres, ces plantes, d'où viennent-ils, quels vents les ont semés au milieu de l'océan ? Ces poissons aux couleurs et aux dessins extravagants, ces tortues marines, ces crustacés biscornus, ces grands papillons migrateurs (des Danaïdes ocrées, qui ne doivent pas tellement aimer les néphiles, elles non plus), ces araignées, oui, allons jusque-là… profusion inouïe, foule enivrante de formes… ces oiseaux, frégates, fous, hérons cendrés, d'autres dont j'ignore le nom, celui-là par exemple (un cardinal ?), rouge et noir jacassant au milieu d'un bosquet de lantaniers aux fleurs jaunes et rouges, à l'odeur poivrée, et surtout les sternes fuligineuses qui tournoient par centaines de milliers au-dessus de l'île, du côté du phare. Marchant dans cette direction sur la piste sableuse, j'ai d'abord l'oreille envahie par quelque chose comme la rumeur que ferait au loin un congrès mondial de cigales, puis à mesure qu'on s'approche le vacarme s'amplifie en même temps qu'il se divise infiniment en grains de sons stridents, aussi serrés que grains de sable, de plus en plus assourdissants, et bientôt on est entouré, assailli par un piaillement gigantesque, un tourbillon de cris, on est sous le nuage vivant. Pas sous ce nuage, non : dedans. Car les sternes piquent sur moi, me frôlent, m'évitent, cabrent, font des loopings au ras de ma tête. Mécontentes de ma présence (elles doivent voir en moi quelque chose d'aussi déplaisant qu'une énorme araignée), elles cherchent à m'effrayer, et y réussissent d'ailleurs assez bien – je me dis que si elles visaient mes yeux, ou se mettaient à quelques dizaines sur moi, j'aurais du souci à me faire. Des petits, tout noirs, rampent sous la végétation, parmi les plumes et les fientes innombrables. Poulailler géant. Je vais jusqu'à une plage – farine et turquoise fauchées à toute vitesse, en tous sens, par l'ombre des ailes – où rouille l'épave d'un bateau de pêche coréen, puis me hâte de déguerpir, conscient que je gêne (mais, je le dis à ma décharge, aucune indication ne m'avait dissuadé de m'aventurer jusqu'à cette aérienne république des sternes).

•

Non loin de la plage de débarquement, sous les filaos, une maison carrée à deux étages, bâtie en blocs de corail sous un toit de tôle qui part en loques, se dresse sur une plateforme à laquelle on accède par une dizaine de degrés de pierre. Des escaliers de fer dessinent un grand chevron rouillé sur les façades nord et sud, et permettent – permettaient, plutôt, car les marches en bois ont disparu – d'accéder via deux petits balcons à l'étage supérieur. La végétation mange un peu tout ça, il n'y a plus ni planchers, ni portes ni volets ou fenêtres, mais l'ensemble tient debout, insolite. Des corbeaux-pies y gîtent. C'est la « maison Patureau », improprement nommée car le colon qui la fit construire, en 1911, s'appelait Auguste Herscher. Ce qui l'intéressait, cet homme, à Juan de Nova, c'était le guano, c'est-à-dire (les Dupondt et tous ceux qui ont lu *Le Temple du Soleil* s'en souviennent) la fiente d'oiseaux de mer, entassée en couches prodigieuses, qui constituait à

l'époque un engrais phosphaté très recherché, et aussi le coprah, tiré des cocotiers, d'où on extrait une huile qui sert d'ingrédient à des tas de choses, savon, etc., mais ne nous égarons pas. La maison a pris le nom du successeur de Herscher après la Seconde Guerre mondiale, un certain Hector Patureau (ou Paturau, j'ai trouvé les deux orthographes), citoyen franco-mauricien qui voit les choses en grand. C'est un chef, un vrai. Sa Société française des îles malgaches (Sofim) recrute des travailleurs, mieux vaut dire des esclaves, à Maurice et aux Seychelles.

Il fait construire un wharf, une voie de chemin de fer Decauville, des entrepôts, une centrale électrique, un atelier de concassage… Des épaves dans les broussailles témoignent de ce rêve colonial, ici, sous un hangar dont ne subsiste que l'armature métallique, les ferrailles d'une antique machinerie anglaise, là un wagonnet plein de papillons renversé sous les palétuviers, qui évoquent « la banne d'une grue chargée d'orchidées », « la tuyauterie des pompes bouchée par une colonie d'iguanes », les ruines rongées par la jungle du *Panama…* de Blaise Cendrars. Quand il demeure dans la maison, rebaptisée « Coin de France », le seigneur de l'île se fait paraît-il servir par des domestiques en gants blancs et nœud papillon noir. Même si le matériau qu'il exploite, la merde d'oiseau, est un peu moins noble, peut-être se prend-il pour Attwater, le maître des pêcheurs de perles imaginé par Stevenson dans *Le Creux de la vague*, dont la table, sur son atoll perdu, est chargée de porcelaines et de cristaux, et des meilleurs vins d'Europe ?

Si le patron menait grande vie, ce n'était pas le cas de tout le monde, loin s'en faut, sur Juan de Nova. En vérité, il semble que l'île était une sorte de bagne privé. Les travailleurs de la Sofim, creusant à la pioche, sous le soleil brûlant, cette matière terriblement toxique, devaient extraire une tonne de guano par jour, faute de quoi leur misérable paye était retenue. La nourriture s'achetait à crédit au magasin appartenant à la Sofim, selon le système du péonage qui les laissait souvent endettés, donc obligés de se rengager une fois leur contrat terminé. Aucune possibilité de s'enfuir, évidemment. La nuit, dans les masures leur servant de dortoirs, les moustiques les harcelaient, quand ce n'était pas les contremaîtres, qui exerçaient un droit de cuissage. Il y avait paraît-il une « justice » maison, des châtiments corporels, des flagellations, une prison en dehors de toute loi. Il y eut des révoltes, matées. Tout ça sous le drapeau français flottant devant la maison, tout ça jusqu'en 1968, oui, 1968, date à laquelle la concession de l'île fut retirée (mais remboursée) à Patureau, pour être proposée… au Club Méditerranée, qui finalement laissa tomber. À cause des requins, peut-être? Mais de quels requins?

•

Dans une clairière que les aiguilles de filaos couvrent d'une toison rousse, un cimetière au-dessus duquel volent des libellules. Enclos rectangulaires de pierres blanchies à la chaux, quelques dalles. D'un côté, cinq croix blanches avec des noms : Ici repose Louis Wilfrid Émile, né à l'île Maurice le 17.10.1915, décédé à Juan de Nova le 29.8.1950. RIP. Pareil pour Charles Stéphane Ladouce, Louis Jean Esther, Louis Emmanuel Onézime et Louis Israël Adelcy, le dernier à reposer – en paix, je ne sais pas – en 1966. À l'écart, une trentaine de tombes anonymes, croix grossières formées de deux planches clouées, certaines sans croix, des musulmans sans doute. D'un côté – celui des noms – des contremaîtres, j'imagine, de l'autre des esclaves. Sous le pylône du phare, dans un grand cercle de sable blanc, un autre cimetière. On mourait beaucoup à Juan de Nova. Une quinzaine de tombes anonymes, croix de bois blanches entourées de blocs de corail. L'ombre rapide des sternes, filant en tous sens, leur piaillement immense, la mer qu'il faudrait qualifier d'un autre adjectif que turquoise, mais je ne trouve pas. Aigue-marine, peut-être ? Sur la base du phare, un apprenti-poète, militaire sans doute, a posé une plaque :

AVIATEURS
MARINS
VAISSEAUX ET CARAVELLES
C'EST POUR VOUS QU'À JUAN
CHAQUE NUIT J'ÉTINCELLE

•

Au bout de la piste d'aviation, près de la station météo, une assez grossière stèle de pierre grise rappelle que Juan de Nova a joué un petit rôle dans l'histoire des débuts de l'aéronautique. Sur une face est ébauché plutôt que sculpté un type mains dans les poches de sa vareuse boutonnée jusqu'au col, sur l'autre il y en a deux dont les visages semblent des réductions de *moaï* de l'île de Pâques, mains dans les poches également : décontractés, mais pétrifiés. Ce sont Marcel Goulette, René Marchesseau et Jean-Michel Bourgeois, trois aviateurs qui firent un atterrissage forcé sur l'île, en 1929, de retour d'un raid Paris-Madagascar accompli en dix jours aux commandes de leur Farman 192 (un monoplan à aile haute, construit en bois et toile, le même avion que celui à bord duquel Malraux prétendit découvrir, quelques années plus tard, Mareb, la capitale de la reine de Saba). Le Farman réussit à redécoller, mais pour se crasher, définitivement cette fois, dans le Sahara. On cassait beaucoup de bois, à l'époque. (Nullement découragé, Goulette continua sa carrière de merveilleux fou volant jusqu'à ce jour de mai

1932 où il percuta un sommet des Apennins avec à son bord le couple Lang-Willar, riches amis d'Albert Londres dont ils auraient recueilli les secrets avant qu'il ne disparaisse dans le naufrage du paquebot *Georges Philippar*. Leur mort, quelques jours après celle du célèbre reporter, donna lieu à maintes interprétations fantaisistes qu'il serait amusant de détailler, complot bolchévique, etc., mais je suis sur le point de m'égarer, alors je résiste à la tentation, qui est forte, fais demi-tour et atterris de nouveau à Juan de Nova.)

Et j'y atterris sans rien casser avec Maryse Hilsz, une pionnière de l'aviation moins connue, injustement, qu'à la même époque Amelia Earhart. Une simple petite plaque signale son passage. Quand elle est obligée, elle aussi, à un atterrissage forcé sur l'île, en avril 1932, elle a déjà relié Paris à Saïgon, seule à bord d'un biplan Morane-Saulnier Moth, en un peu moins d'un mois. (Paris-Saïgon, Paris-Madagascar : toutes ces aventures héroïques sont liées, je n'y peux rien, à l'histoire de l'empire colonial.) Cette fois, aux commandes d'un Farman 291, elle a relié avec son mécanicien Dronne Paris à Madagascar en deux mois, après une longue immobilisation technique au Niger. Au retour, une panne la contraint d'atterrir sur Juan de Nova. « Je me posai sans mal, et je n'eus pas, par la suite, à regretter ce séjour forcé dans cette île. Je lui dois d'avoir vu un site enchanteur, et aussi de ne pas avoir été le régal des nombreux requins que nous vîmes en repartant sillonner les eaux, squales rapides et argentés. » C'est une nature positive. Elle parvient à redécoller, donc, et atterrira au Bourget un mois plus tard. (Elle ralliera ensuite Paris à Tokyo, battra différents records, sera contrainte à des atterrissages forcés dans des déserts, s'engagera dans la Résistance et mourra en 1946 dans le crash de son avion près de Bourg-en-Bresse – lieu ironiquement banal pour l'acte final d'une vie qui avait survolé le monde. Qu'attendent les féministes pour exalter cette héroïne que rien ne prédisposait à l'aventureuse existence qu'elle s'est faite, l'ayant débutée comme couturière – ce que les romans du dix-neuvième siècle appellent une « grisette » ?)

•

Avant de quitter l'île, j'entreprends de faire le tour de ses parties accessibles. Il me semble constater (mais mon observation est sujette à caution) que les régions où l'on trouve des araignées, sous les filaos, ne sont pas celles – les chemins à découvert de la côte sud – que fréquentent les papillons. Y aurait-il entre ces espèces un traité tacite ? Un partage du monde ? Du côté des papillons, je découvre une sépulture solitaire, dite « la tombe du gendarme » : une croix blanche, un rectangle de pierres blanches sur le sable blanc, à l'intérieur d'un grand carré de pierres peintes de bleu, de blanc et de rouge, au bord du ressac qui brise sur le corail. Ce gendarme inconnu (personne n'a su me dire qui il était) a une tombe plus belle que celle de Chateaubriand. Aucun touriste ne la visite, aucun bateau ne passe au large. Il n'y a que les oiseaux et les papillons – des lézards aussi, j'imagine, mais je n'en ai pas vu. Au terme d'une marche de dix kilomètres j'arrive fourbu, trempé de sueur au camp que me fait visiter l'adjudant originaire de Périgueux, avec ses lieux baptisés par l'humour militaire, place Pigalle, Cyclone Palace, ses panneaux indiquant les directions de lointaines patries, Nîmes 7 814 km, Pologne 7 983 km, Roumanie 7 052 km, La Réunion 1 415 km, Colombie 13 006 km, Californie 17 335 km, pas la porte à côté. Tous les endroits du monde, même les plus paumés, sont le centre du monde – pour la quinzaine de paras du Rpima qui passent un mois et demi sur l'île avant d'être relevés, c'est ici. La bière Fischer sortie des frigos est une bénédiction, et même mieux que ça. J'avoue que cette société, si inhabituelle et étrangère pour moi, si différente de celle au sein (ou en marge) de laquelle je vis, me semble à bien des égards plus incontestablement « réelle ». Ça veut dire quoi ? Le reste ne le serait pas, peut-être, « réel » ? Cependant que le soleil baisse sur l'île, qu'en compagnie du capitaine d'armes, de l'enseigne Floche et d'un mécanicien de l'aéronavale je bois une bière puis une autre obligeamment fournie par ces grands gamins en shorts kaki, bronzés, tatoués, pas compliqués (apparemment), cette impression s'impose à moi, sans que je puisse bien l'expliquer, moins encore la justifier (je ne vais pas faire du Kessel).

•

Les mots, on a beau les aimer, essayer de les connaître tous, en inventer même, parfois, il arrive qu'on se désespère de leur impuissance à dire les choses. Comment rendre la couleur irradiante de la mer au bord de la plage (j'y reviens) ? « Bleu », ce petit mot qui claque comme une bulle, ça ne va pas, évidemment. « Bleu », ça veut juste dire qu'elle n'est pas noire, ou rouge, la mer. C'est un mot par défaut. Dans d'autres langues, *blue*, *azul*, c'est peut-être très légèrement mieux, parce qu'il y a quelque chose de fluide, de longuement alangui dans le *blue* anglais, qui va avec le lent glissement de l'eau (et la couleur bouge, respire), quelque chose d'ailé et de salé dans l'*azul* espagnol ou portugais. Mais on écrit en français. Bleu, donc. Si on ajoute « turquoise », ou « aigue-marine », comme je l'ai déjà fait, ça ne change pas grand-chose. Rien, même. Il faudrait dire la transparence qui fait que la blancheur éblouissante de la plage se prolonge, se devine sous l'eau peu profonde d'abord, se disperse en paillettes, en étincelles, il faudrait dire l'infinie versatilité de la couleur qui fait que le bleu presque blanc de la lèvre qui lèche le sable se change insensiblement en un bleu profond, presque violet, de pétale d'iris, il faudrait... (Je pense à Francis Ponge s'acharnant à trouver le mot qui conviendrait pour dire le rose de certaine dune.) Il faudrait dire que c'est un bleu qui rayonne – une moire de bleus, appelons ça ainsi, très mal, aussi doucement chatoyante qu'une soie, allant du presque blanc au presque noir, avec des marbrures, des nuages fonçant ce ciel liquide plus beau que cet autre au-dessus de nous que nous avons accoutumé de trouver grand, demeure de tas d'êtres mystérieux, et qui ici fait seulement l'effet d'une toile grossièrement peinte. Il y a certaines couleurs, la plupart même, qui semblent absorber la lumière, s'en nourrir pour nous en renvoyer un peu, tandis que celle-là, ou plutôt celles-là, émettent un rayonnement intense sans quoi le jour serait terne. Couleurs tellement grandes et vives, vivantes, qu'elles causent immédiatement de la joie. « Bleuités, délires » : ces deux mots du poème le plus connu de Rimbaud (leur pluriel, l'idée de divinités que suggère leur terminaison) sont sans doute ceux qui disent le moins imparfaitement la stupeur heureuse qu'on éprouve à contempler ce champ de feux bleus. Oui, bleus, c'est tout – puisque nous ne parlons pas la langue des êtres qui habitent ces lieux immenses. Là-dessus les silhouettes noires de la barge qui s'apprête à « plager » pour me ramener à bord, des hommes immergés jusqu'à mi-corps pour l'accueillir. Fin de la magie.

•

Le lendemain matin, je ne débarque pas : j'ai les pieds esquintés, après ma balade de la veille. Je tue le temps en relisant *Lord Jim*, trouvé dans la minuscule – je l'ai déjà dit – bibliothèque du bord (sur la dernière page, libre, de l'édition de poche, quelqu'un a écrit une recette de cuisine). Ce livre de l'impossible rédemption est un de mes romans préférés, néanmoins je suis un peu déçu par l'emphase de Conrad. Sa langue luxuriante réussit très bien, dans ce livre comme dans tous les romans « malais », à décrire la puissance de la jungle et des fleuves de Bornéo, mais quand il s'agit de la complication des âmes, celles de Jim, de Bijou (Jewel) sa compagne, de Marlow même, on aimerait – moi, en tout cas – que ce soit moins empâté. Véhément, passionné, haletant, suppliant, spectral, insondable, redoutable, intolérable, effroyable... il arrive à Conrad d'en servir quinze à la douzaine, des adjectifs – et pas des modestes. Et le personnage de Cornelius, l'abject, je me demande s'il n'est pas un peu outré. Il reste que *Lord Jim*, avec tous ses fascinants plis et replis narratifs, est un roman que j'admire profondément. Et la simple phrase qui dit, de Jim, « c'était l'un des nôtres », je me la répète à chaque fois que je perds quelqu'un que j'aime. Elle me semble exprimer la tristesse de la séparation de la façon, pour le coup, la plus dépouillée qui soit.

Le cyclone tropical Batsirai, qui passe au nord de La Réunion, avec des vents moyens en mer de 150 km/h et des rafales à 215 km/h, risque de frapper Europa. Nous devons donc remettre cap au sud pour aller récupérer les dix loustics du RSMA, Luc, Jim, Omar et Freddy et les autres, que l'abri anti-cyclone de l'île n'est pas assez vaste pour héberger avec les quinze militaires. L'équipage, qui attendait un jour de perm sur Juan de Nova, fait grise mine, moi aussi un peu car je commence à avoir envie d'arriver à Mayotte, où je dois débarquer (cela va faire bientôt quatre semaines qu'on a quitté La Réunion). Au lieu de cela, j'ai devant moi de nombreux jours de mer, sans but cette fois, ni même plus rien à lire – j'ai lu ou relu tous les livres que j'avais emportés et tous ceux que j'ai pu trouver à bord. Je suis obligé de me rabattre sur la série des *Largo Winch* en bande dessinée, mais j'en ai vite marre du playboy milliardaire que rien n'arrête et à qui aucune femme ne résiste (comme personnage, je préfère Lord Jim...). On appareille à vingt et une heures, et je m'astreins à suivre des yeux le feu de Juan de Nova (un éclat rouge toutes les cinq secondes) jusqu'à sa disparition complète dans le lointain et la nuit. J'ai souvent guetté et « compté » des phares sur mon bateau, en Manche, en mer d'Iroise. Cet inutile défi me tient sur l'aileron de passerelle jusqu'à onze heures du soir.

•

Ensuite, de nouveau la routine de la vie à bord, le lent mouvement enroulé du navire, sans cesse recommencé, les appels matinaux entourés par la mer qui hoche et dodeline du chef derrière les écrans, les voyants, les vitres de la passerelle, les soleils bas effacés par l'horizon, scintillant d'un ultime point vert du côté du Mozambique, les dîners au carré avec ces conversations dont je ne saisis que des bribes, un phonème sur deux ou trois, dans une langue à peine prononcée, ultra-rapide, pleine d'acronymes et de souvenirs qui m'échappent mais les font pouffer de rire – un soir le commandant me glisse que ça le fatigue, lui aussi : je lui réponds que je ferme les écoutilles, et c'est vrai, je ne fais plus mine, ils me connaissent et je les connais depuis assez longtemps maintenant, ils savent que je suis un ancêtre un peu taciturne mais pas mauvais bougre, et moi je vois en eux des jeunots qui vivent dans un autre monde imaginaire que le mien, mais qui sont compétents et plutôt sympathiques, tout compte fait. Alors, à la table du carré, je ferme les écoutilles, je fais comme si j'étais sourd, sauf si on s'adresse à moi, et tout va bien comme ça. De toute façon les repas ne durent pas longtemps. Ce qui me pose un peu plus de problèmes, ce sont les soirées, après le dîner : ils s'excitent sur des jeux auxquels ils me convient parfois, mais je refuse poliment : je n'en ai guère envie, mais surtout je sais qu'il faut m'expliquer dix fois la règle d'un jeu avant que je commence à entrevoir quelque chose, l'intelligence dont je dispose n'est pas faite pour ça, je ne veux pas les embêter. Le pire, ce sont les mini-séries comiques qu'ils regardent avec délices (*How I Met Your Mother*, etc.) : si je ne ris pas, je pose vraiment à l'emmerdeur, alors j'essaie de rire, un peu, mais je sens que je suis très mauvais comédien, je ris coincé, il est impossible qu'ils ne voient pas que je me force, et j'ai un peu honte de mon minable numéro. Je reste debout, appuyé à une cloison, quand eux sont affalés, hilares, sur le canapé du coin TV : je prévois déjà le moment où je vais leur souhaiter bonne nuit et m'éclipser vers mon poste et ma bannette.

Je ne vais pas me coucher tout de suite, je remonte à la passerelle, j'aime la lueur douce des écrans, les lumières rouges sur lesquelles se découpent les silhouettes noires de l'équipe de quart, je sors sur l'aileron et reste longtemps là, à contempler le ciel nocturne. Le vent est tiède, la mer calme, la Voie lactée courbe son arche d'un horizon à l'autre (un jour, je n'ai pu m'empêcher de reprendre Elsa qui parlait, à propos d'histoires de points astronomiques, d'« une » horizon ; que le mot soit du masculin, pas du féminin, elle n'en revenait pas ; en dépit de mon autorité d'« homme de lettres », il a fallu que les autres confirment). Un feu clignote lentement, irrégulièrement, au zénith, qu'est-ce que ça peut être ? Un très mince croissant de lune se couche à l'ouest. Je pourrais me croire sur la passerelle du *Patna* en mer d'Arabie avant que ne survienne la catastrophe qui va bouleverser la vie de Jim : « Une paix merveilleuse envahissait le monde et les étoiles semblaient verser, avec la sérénité de leurs rayons, une promesse d'éternelle sécurité sur la terre. La jeune lune s'incurvait et, très bas sur l'horizon, faisait un mince copeau arraché à une lame d'or... » J'essaie de repérer les constellations du ciel austral, leurs noms me plaisent, certains composent dans le noir un grand paysage fabuleux, le Navire Argo remontant le Fleuve Éridan sous les Nuages de Magellan, avec sur les rives tout un bestiaire mythologique, l'Hydre mâle et l'Hydre femelle, le Centaure, le Phénix – d'autres sont curieusement concrets, le Chevalet du peintre, l'Horloge, le Télescope, le Compas, l'Atelier du sculpteur, le Fourneau chimique, la Machine pneumatique... J'aime la prose des manuels astronomiques : « D'un côté la Croix du Sud est entourée par le poitrail du Centaure, de l'autre se tient le Navire Argo », « α du Poisson (Fomalhaut), du Fleuve Éridan (Achernar) et du Navire Argo (Canopus) forment le plus remarquable et le plus régulier des alignements de trois étoiles de première grandeur ». Voici la description du Grand Y des constellations australes : « Les extrémités de ses branches sont Diphda, β de la Baleine, et Fomalhaut, α du Poisson austral. Le centre est α du Phénix, le pied est Achernar, étoile bleue α du long Fleuve Éridan qui de méandre en méandre ira rejoindre le grand losange. » Le long fleuve Éridan…

Cela fait quatre semaines que je n'ai plus de nouvelles de France – où en sont la pandémie, le variant omicron, la campagne électorale, la candidature de Taubira ? – et ça ne me manque pas. Je pourrais sans doute en avoir, je vois à la passerelle Jacob et Bertelli, du Sic, penchés sur leurs ordinateurs où ils ont l'air d'apprendre des tas de choses qui les intéressent, mais je ne veux pas les déranger, et au fond je ne souhaite pas tellement être « informé ». S'il se passe un truc vraiment important je l'apprendrai, de toute façon. L'actualité du jour, à bord, c'est plutôt ce message diffusé par les haut-parleurs : interdiction d'utiliser les sanitaires, les chiottes de tout le bateau sont bouchées. Voilà une nouvelle ! Aussitôt je me demande si ce n'est pas le sable de mes chaussures, évacué dans la douche, qui serait responsable de cette regrettable avarie. Enfin, je ne dois pas être le seul à avoir rapporté du sable à ses semelles, et bientôt les canalisations sont débouchées, je respire.

•

À sept heures du matin d'un autre jour, on a récupéré sur Europa les volontaires du RSMA. Je vais saluer ceux que je connais (Luc, Jim, Omar et compagnie), ils sont installés sur des bat-flancs à fond de cale, dans les salles de rétention et la salle de sport. Pas vraiment la cabine de première classe, mais ils sont habitués à la dure. Un peu intimidés d'être pour la première fois sur un grand bateau. Avec ma combinaison Marine nationale, je fais celui qui est de la « maison », pas pour frimer, mais pour qu'ils se sentent accueillis. Ils ont l'air contents de me voir, me disent qu'ils ont eu droit à « un super petit déjeuner ». Ces types me touchent. À 7 h 30, au bout du sillage, ce trait blanc surligné de gris-vert, je sais sans aucun coefficient d'incertitude que je ne le reverrai jamais. Le commandant me fait remarquer que peu l'ont vu trois fois – moi, déjà deux. On a devant nous six cent quarante nautiques jusqu'à la passe de Bandrélé, à Mayotte.

Six heures du soir : le chef mécanicien fait son footing, il file devant la passerelle avant de descendre faire le tour de tous les ponts inférieurs et de revenir, et ainsi de suite, inlassablement, l'enseigne Floche inscrit quelque chose sur un registre, devant le pupitre des commandes, Astaki est « à la barre », c'est-à-dire qu'il surveille le garde-cap, le maître Simons est à l'autre siège de barreur, le commandant médite sur son trône, l'aspirant Pierre, le polytechnicien, étudie un sextant, l'aspirant Anténor regarde des cartes, Jacob et Bertelli sont assis devant leurs ordinateurs, le cipal Koffi balade sa grande carcasse d'un groupe à l'autre. Et moi je prends des notes. La mer monte et descend lentement dans les vitres du devant de la passerelle, comme si le bateau respirait. Le soleil descend vers la côte d'Afrique. Le Cam, le mécanicien de l'aéronavale, me raconte ses survols en rase-mottes des rivages du côté de Djibouti. Il ne fait pas partie de l'équipage, c'est un passager comme moi, sauf qu'il est de la Marine. Sa curieuse passion, ce sont les manuels de survie. Il mesure, avec les doigts étendus devant lui, le temps restant avant le coucher du soleil. Trois doigts, quinze minutes, m'annonce-t-il – et le soleil a le bon goût de respecter l'horaire.

L'aspirante Estelle, qui est de quart, me réveille à 3 h 15 selon ma demande pour regarder la Croix du Sud (en me couchant, j'espérais un peu, paresseusement, qu'elle oublierait, mais non). Nuit tiède, pas un souffle : le vent faible, de 12 nœuds, vient du sud, comme nous. On éteint les feux pour voir mieux. Le ciel est un déversoir d'étoiles. « De la clarté mise en poudre », dit Hugo dans *Les Travailleurs de la mer*. La Croix du Sud avec α du Centaure et Canopus à côté, le Scorpion et Antarès, Sirius se couche à l'ouest, le Lion et Regulus, la Grande Ourse au-dessus de l'horizon nord, renversée… « C'est l'Ombre. L'homme est là-dessous », dit encore Hugo. L'homme retourne se coucher, sans se livrer à toutes les réflexions qu'agite Hugo (« Cette Immanence est-elle un Être ? », etc.).

•

Après l'appel à 8 h 30 où la moitié de l'équipage arrive avec sa brassière capelée, pour blaguer, parce que l'aspirant Anténor doit être seul de quart, j'ai une discussion avec le bosco. Il y a encore des officiers sabre et goupillon, familles à particule et tout ça, complètement coupés de la société réelle, me dit-il, mais heureusement de moins en moins. Des officiers femmes ou noirs, c'est un scandale pour eux : les femmes sont faites pour être secrétaires, les Noirs aux cuisines, c'est ça leur conception. La Marine, selon lui, est de plus en plus méritocratique – pas égalitaire, ça c'est impossible, mais on peut commencer tout en bas et finir amiral. Moi, me dit-il, je suis fils d'ouvrier, et je trouve que la méritocratie est le seul système juste (je suis d'accord avec lui, grosso modo). Dehors, la mer est bleu sombre, mouchetée d'écume. Ce matin tôt, on est passés à vingt nautiques dans l'ouest de Juan de Nova. Trop loin pour que j'aie eu une chance d'apercevoir l'île pour la troisième fois, même si j'avais été levé.

Le premier maître Delbos m'invite à déjeuner à la cafète de l'équipage, et ça me fait plaisir. Il a des yeux d'un bleu incroyablement pâle, une voix éraillée, et ce qui s'appelle une bonne tête. On fait d'abord une halte apéro au carré équipage, ça braille, ça se marre, ça cause sport, ça sent le bistro. Sur l'écran de télé, son coupé, bougent des têtes – présentateurs de je ne sais quelle chaîne, « spécialistes » de ci ou ça – qui du fait d'être muettes semblent encore plus fausses, imitant assez bien l'humain mais non humaines quand même. On s'envoie des cannettes de bière. Pas trop : « le pacha nous fait confiance ». Après, à la cafète, mes commensaux, outre Delbos, sont le chef mécanicien et Koffi. Kevin n'est pas loin, le coq dont la contenance semble exprimer un « tu me cherches ? » permanent. Mais son rougail-saucisses est très bon. Et il y a du vin d'Afrique du Sud à table ! Ils sont contents de voyager, de connaître du pays, me racontent leurs escales : avant que ne s'ouvre la base d'Abu Dhabi, sur le ravitailleur *Marne*, ils restaient un mois à Singapour, deux au Cap, c'était la belle vie… On sent une certaine hostilité envers ceux des aspirants qui sont nés avec une cuiller d'argent dans la bouche, ils se méfient à l'avance de l'officier qui va remplacer Floche, dont le prénom médiéval et le nom à particule ne leur inspirent rien de bon. Après le déjeuner, retour au carré équipage. Un petit coup du rhum de Madagascar apporté par Delbos (jamais tant arrosé un repas depuis que je suis à bord). Dans la biffe, me disent-ils, il n'y a pas de distinctions si visibles, le général mange au mess comme les autres – ce que confirme le sergent chargé d'encadrer les jeunes du RSMA. Tout ça, à vrai dire, plus simple et sympathique que l'atmosphère du carré des officiers.

•

Puis, après des jours de mer encore, dont la monotonie n'est rompue que par des exercices (avarie de barre, dégagement d'H_2S), paraît un vol d'oiseaux lointains, annonciateur d'une terre alors qu'on est encore à deux cents milles de Mayotte. Vient la dernière nuit, la dernière lune sur la mer, très mince croissant nimbé d'une brume chaude. Le jeune Bertelli, en guise de cadeau d'adieu, me file deux clopes, un patch du *Champlain* et des épaulettes avec des galons de second maître, deux chevrons dorés – à mon âge, je n'aurai pas fait une grande carrière dans la Marine. Au matin, la côte défile sur bâbord, pics escarpés sur lesquels moutonnent des forêts – l'un surtout, le mont Choungui, a une forme de cône aigu et boisé qui fait remonter à ma mémoire le souvenir, venu des abysses du passé, d'une représentation du *Neverland*, probablement dans un album de Walt Disney (je me souviens même qu'il y avait, sur ce dessin, une couronne de nuages autour du sommet de l'île de Peter Pan, de la fée Clochette et du capitaine Crochet). Ils seraient peut-être étonnés, les jeunes marins du *Champlain*, de savoir que sur le point de débarquer, leur vieux passager est soudain transporté aux années de sa petite enfance. Voilà en tout cas qui vérifie cette phrase du *Livre du rire et de l'oubli*, que j'ai dégotté aussi dans la bibliothèque du bord : « Celui qui veut se souvenir ne doit pas rester au même endroit et attendre que les souvenirs viennent tout seuls jusqu'à lui. Les souvenirs se sont dispersés dans le vaste monde, et il faut voyager pour les retrouver et les faire sortir de leur abri. »

On pénètre dans le lagon par la passe de Bandrélé. Vient l'heure du dernier déjeuner au carré officiers, et c'est un « repas présidé », un des rites du folklore de la Marine : un midship lit solennellement le menu, et il est d'usage que le commandant réponde « dégueulasse comme d'habitude », on distribue des « huitièmes » pour diverses infractions supposées à l'étiquette (j'écope de plusieurs), à la fin le midship est salué en lui souhaitant « que son cul pèle par plaques scrofuleuses et que Belzébuth le sodomise jusqu'à la septième génération sous les palétuviers roses » (je simplifie beaucoup le rituel). On mouille devant un îlot, entre Mamoudzou sur Grande-Terre et Dzaoudzi sur Petite-Terre. J'ai fait mon sac, remis mes habits de terrien, je fais mes adieux, le chef mécanicien me laisse son adresse pour que je lui envoie un livre – voilà une marque d'intérêt qui me touche. En quittant le bateau, le sourire charmant du matelot Borges, à la lisse, en short et polo bleu sombre de la Marine nationale. Un canot m'emmène jusqu'au débarcadère de la barge à Dzaoudzi.

•

À Mayotte je retrouve un ami, enfin le fils d'un couple d'amis, c'est pareil, qui vient non sans courage présenter ici, dans les bidonvilles où il l'a tourné, un film tiré du roman de Nathacha Appanah, *Tropique de la violence*. Manuel a beau être d'une autre génération, il n'a pas l'air de me considérer comme un ancêtre, c'est reposant. Peut-être parce qu'il me connaît depuis très longtemps. Dans l'hôtel qu'il m'a trouvé, en bord de mer, il y a une petite bibliothèque de livres laissés par des clients, à laquelle préside le hasard le plus réjouissant : à côté de nombreux auteurs anglo-saxons inconnus de moi – mais sûrement pas des lecteurs internationaux –, quelques Musso, deux ou trois Pennac qui s'en tire très bien, et, absolument incongrus, *Les Perses* d'Eschyle et les *Propos sur l'éducation* d'Alain… Je songe qu'il y a probablement, épars (comme les îles) à travers le monde, quelques livres de moi qui traînent dans les lieux où je suis passé et où j'ai cru bon de les offrir – dans la bibliothèque dépareillée d'un hôtel de Lima ou de Santiago, la caisse à vieux papiers d'un brocanteur de Shanghai, l'étal d'un *antikvariat* de Moscou, un équipet d'un bateau sur l'océan Indien –, et qu'il s'est trouvé ou se trouvera quelqu'un (quelqu'une, plus probablement) pour en feuilleter un en se demandant : « C'est qui, celui-là ? », et peut-être, on ne sait jamais, le lire et l'aimer. Ça leur fait, à ces livres, une vie discrète et hasardeuse, et à moi

– la parcelle de moi qu'ils enferment – une vie inconnue. J'emprunte un Steinbeck (*Les Naufragés de l'autocar*) et un Modiano (*Les Grands Boulevards*). Je lis ça devant ma chambre à la porte blindée (ce n'est pas pour rien que le roman de Nathacha Appanah et le film de mon ami Manuel s'appellent *Tropique de la violence...*), à la nuit tombante, résistant tant bien que mal à l'assaut des moustiques, environné par le bruit du ressac et le couinement des margouillats, sous le vol mou des grandes chauves-souris vampires (je ne les adore pas, celles-là non plus, mais n'aggravons pas mon cas).

Pendant quelque temps, je suis le bateau, petite flèche bleue sur l'application Marine Traffic (*French warship, 11,5 knots, 1h26 ago*, dans le nord-est de Mayotte, en route vers les Glorieuses), je continue à avoir des nouvelles de l'équipage, non qu'ils m'en donnent (quoi que ma vanité doive en souffrir, je doute qu'ils me regrettent), mais ils m'ont oublié sur leur groupe WhatsApp, je les vois faire du cheval ou du quad ou de la plongée ou visiter le parc des lémuriens à Nosy Bé, une île de la côte malgache, ils ont l'air de s'amuser beaucoup et je me félicite de n'avoir plus à jouer dans la bande le rôle du mauvais coucheur (j'aurais pu faire un lémurien passable). Et puis un jour, au bout d'un mois environ (je suis déjà revenu en « métropole »), je suis supprimé du groupe (« Vous êtes parti-e », me communique-t-on), et eux aussi, qui menaient encore cette vie fantomatique d'images minuscules et d'exclamations ponctuées d'émojis sur l'écran de mon smartphone, disparaissent pour moi (seul le commandant, après la mort d'une amie très chérie, qui si elle avait vécu aurait été la première à lire ce récit, m'envoie un petit mot dont je lui suis reconnaissant). Peut-être l'ironie légère (je l'espère) que je montre à l'endroit de ceux qui m'ont accueilli et supporté pendant un mois, de La Réunion à Mayotte, est-elle injuste. Après tout, ils étaient jeunes, vivant dans un monde différent du mien, avides d'émotions simples, et nul n'est tenu d'être un vieux lettré sceptique. Je ne devais pas être bien marrant à leurs yeux, je ne leur ai sans doute pas donné envie de s'intéresser plus aux livres. Et maintenant qu'un an et demi a passé, le souvenir même de ces jours si insolites s'efface lentement comme sombrent les îles derrière l'horizon, je pourrais douter d'avoir jamais été sur ce bateau, nagé vers ces atolls, foulé le corail radieux, marché sous les nuages d'oiseaux. Mais il y a ces carnets que je retrouve, que la torpeur d'un été m'incite à relire. Je commence à écrire ce récit. J'essaie de retrouver la lumière de la mer là-bas. J'essaie de me souvenir du bleu sorcier.

Du même auteur

chez d'autres éditeurs

Jusqu'à ce que mort s'ensuive
Gallimard, 2024

Vider les lieux
Gallimard, 2022

Extérieur monde
Gallimard, 2019

Baïkal-Amour
Paulsen, 2017

À y regarder de près
Gravures d'Érik Desmazières
Le Seuil, « Fiction & Cie », 2015

Le météorologue
Le Seuil-Paulsen, « Fiction & Cie », 2014

Le roi des taupes
Illustrations d'Adrien Albert
L'École des loisirs, 2012

Sibérie
Inculte, 2011

Bakou, derniers jours
Le Seuil, « Fiction & Cie », 2010

Un chasseur de lions
Le Seuil, « Fiction & Cie », 2008

Une invitation au voyage
Illustrations d'Érik Desmazières
Bibliothèque nationale de France, 2006

Rooms
Le Seuil, « La librairie du XXIe siècle », 2006

Suite à l'hôtel Crystal
Le Seuil, « La librairie du XXIe siècle », 2004

Tigre en papier
Le Seuil, « Fiction & Cie », 2003

Paysages originels. Hemingway, Nabokov, Borges, Kawabata, Michaux
Le Seuil, « Fiction & Cie », 1999

Méroé
Le Seuil, « Fiction & Cie », 1998

Mon galurin gris. Petites géographies
Le Seuil, « Fiction & Cie », 1997

Port-Soudan
Le Seuil, « Fiction & Cie », 1994

L'invention du monde
Le Seuil, « Fiction & Cie », 1993

Sept villes
Rivages, 1988

En Russie
Quai Voltaire, 1987

Bar des flots noirs
Le Seuil, « Fiction & Cie », 1987

Phénomène futur
Le Seuil, « Fiction & Cie », 1983

•

Circus 2. Romans, récits, articles (1999-2011)
Le Seuil, « Fiction & Cie », 2012

Circus 1. Romans, récits, articles (1980-1998)
Le Seuil, « Fiction & Cie », 2011

Cet ouvrage a été achevé d'imprimer en octobre 2024
dans les ateliers de l'imprimerie Chirat
42540 Saint-Just-la-Pendue
N° d'imprimeur : 202410.0251
Dépôt légal : janvier 2025

Imprimé en France